KB235929

동양상담학 시리즈 ❺

퇴계 유학과 상담

박성희 저

Oriental Counseling Series

학지사

동양상담학 시리즈를 펴내며

　돌이켜보면 참 오랫동안 한국상담 또는 동양상담에 대한 연구와 논의의 필요성을 느껴 왔다.

　처음 상담계에 입문할 때에는 그저 서양에서 들어온 지식을 열심히 섭취하여 상담을 잘하기만 하면 그만이라고 생각했다. 상담의 발상지가 서양이니까 그렇게 하는 게 하나 이상할 것도 없고, 또 상담계에 종사하는 모든 사람들이 그렇게 하니까 아무런 의구심이 들지 않았다. 하지만 시간이 지나면서 조금씩 내가 하는 일에 무엇인가가 빠져 있다는 사실을 눈치 채기 시작했다. 서양 사람들에게서 뽑아 낸 상담 지식을 한국 사람에게 그대로 적용하는 데에 무리가 있다는 점을 알게 된 것이다. 그러니까 그때까지 나는 한국 사람을 미국 사람 대하듯 상담해 왔다. 이런 사실을 알게 되면서 내심 무척 당황하고 부끄러웠다. 한국 사람과 미국 사람

이 모든 점에서 똑같다면 모르되, 그렇지 않다면 맞지 않는 옷을 어색하게 입히려는 우스꽝스런 짓을 하고 있었던 셈이다.

이때부터 나의 고민은 시작되었다. 어떻게 하면 한국 사람들에게 어울리는 상담을 할 수 있을까? 어떻게 하면 한국 사람에게 적합한 상담 지식을 찾아내고 이를 체계적으로 정리할 수 있을까? 어떻게 하면 한국적 문화와 역사와 전통을 반영한 상담 이론을 구성할 수 있을까? 이런 고민 끝에 한국인의 일상생활에 스며 있는 삶에 대한 철학과 사상과 문화적 전통을 뒤져 보자는 생각을 하게 되었다. 이렇게 해서 이 책에 실린 원고들을 하나씩 쓰기 시작하였다. 이때 우연히 이웃나라 일본의 상담학자들도 일찌감치 나와 같은 고민을 하며 일본식 상담을 개발하였다는 사실을 접할 수 있

었다. 모리타 상담과 나이칸 상담은 그들의 치열한 문제의식이 잉태한 일본식 상담론으로서 우리가 한 번쯤 살펴볼 만한 가치를 가지고 있다. 이 책의 제목이 한국상담이 아니라 동양상담이라고 붙여진 것은 일본상담이 포함되었기 때문이기도 하고, 동양사회를 관통하고 있는 유·불·도 삼가의 사상이 주요 주제로 다루어지고 있기 때문이기도 하다.

원래 이 원고 집필을 시작할 때는 한 권의 단행본으로 출판하려고 하였다. 그러나 작업을 하다보니 앞으로도 이런 작업이 끝없이 이어져야 할 거라는 생각, 그리고 연구가 완성될 때까지 오래 기다리기보다 그때그때 신속하게 연구 결과를 보고하는 편이 나을 거라는 생각이 들었다. 이 시리즈의 첫 원고가 이미 5년 전에 탈고되었다는 점이 이런 생각을 굳히게 했다. 앞으로

이 시리즈가 계속되기를 기대한다. 필자 역시 이 작업을 계속하겠지만, 한국상담과 동양상담에 관심 있는 상담학도라면 그 누구라도 이 작업을 이어갈 자격이 있다. 그리하여 앞으로 100권, 200권을 넘어서기까지 이 시리즈가 쌓여 가기 바란다. 감히 말하건대, 이 시리즈 목록의 길이는 한국상담의 성숙도를 보여 주는 바로미터가 될 것이다.

필자는 상담을 전공하는 후학들이 '우리와 우리 것'에 대해 관심 가지기를 간절하게 바란다. 원고를 쓰면서 필자는 우리 역사, 사상, 철학, 문화 속에 상담 정신이 깃든 자료가 그렇게 풍부하다는 데 정말 놀랐다. 그럼에도 불구하고 이들이 상담학도들의 눈에 띄지 않았다는 사실이 참 이상하다. 다소 늦기는 했지만 이 자료들을 정리하여 현대 상담 속으로 끌어들일 때가 되었

다. 외국으로부터 배울 것은 배우되, 온고지신 하는 마음으로 우리 것을 품어서 한국상담학을 정립해 가는 창조적인 작업에 모두 동참하자.

이 작업을 시리즈물로 기획하자고 제안하신 김진환 사장님 그리고 상담에 대한 깊은 애정을 가지고 정말 꼼꼼하게 교정과 편집 책임을 맡아주신 최임배 부장님에게 감사의 말씀을 드린다. 앞으로도 좋은 상담책 많이 출판하셔서 한국상담계의 발전에 큰 몫을 담당해주시기 바란다.

청주 원봉산 자락에서, 박성희

머리말

조선 시대에 꽃을 피운 성리학의 이기 논쟁은 마음의 본질과 움직임을 설명하는 심성론에 집중되어 있다. 그 이기 논쟁을 따라가다보면 정말 사람의 마음을 이렇게 다채롭고 정교하게 설명할 수도 있구나 하는 감탄사가 저절로 나온다. 혹자는 이기 논쟁이 당파 싸움을 불러 일으킨 주요인이라고 폄하하지만, 그 속에 담긴 철학적 깊이와 심리학적 통찰은 현대 심리학을 능가한다. 그 정점에 퇴계 이황이 서 있다. 바로 이런 이유 때문에 필자는 퇴계의 심성론을 고찰하고 그 가운데 들어 있는 상담적 요소를 추출하는 작업에 착수했다.

우리가 한국적 상담 이론을 구성하려고 할 때 원자료로 삼을 수 있는 사상적 배경은 매우 풍부하다. 조선 시대 성리학자들이 벌인 이기 논쟁은 그 대표적인 광

맥이다. 퇴계는 물론이고 율곡 이이, 고봉 기대승, 혜강 최한기, 다산 정약용 등 이루 헤아릴 수 없을 정도로 많은 학자들이 마음에 대한 논의에 참여하여 풍성한 결과를 양산해 내었다. 이들의 논의를 깊이 천착해 들어가 현대 상담과 연관 짓는 작업을 잘만 한다면 한국적 상담을 구성하는 일이 그다지 어렵지 않을 것이다. 혹자는 고리타분한 옛날 이야기들을 왜 끄집어 내느냐고 타박할지 모르겠다. 그렇다면 이기론을 제대로 공부해 보라고 말하고 싶다. 그 안에는 현대심리학이 혀를 내두를 정도로 인간의 심리를 세련되게 설명하는 이론들이 널려 있다. 우리 것임에도 불구하고 그 내용을 잘 알지 못하면서 무조건 내치는 자세는 지양되어야 할 것이다.

앞으로도 이 같은 작업이 계속 이어지면 좋겠다. 꼭 필자가 접근한 방식이 아니더라도 조선의 성리학을 헤집으며 현대 상담에 기여할 수 있는 지혜를 찾아가는 작업이 계속되기를 바란다. 이 역시 후학들에게 거는 기대가 크다.

차례

1

왜 퇴계 유학인가?

    퇴계 유학과 상담을 논하기에 앞서 왜 퇴계 유학을 선택했는지 그 이유를 밝힐 필요가 있다. 먼저 흔히 지나간 과거 학문으로 치부되는 유학, 특히 조선의 성리학을 택한 이유부터 밝혀 보자. 심리학이 지니간 학문으로 폄하되는 커다란 원인의 하나는 성리학적인 윤리가 현대인의 생활윤리와 어울리지 않는다는 데에 있다. 삼강오륜으로 대표되는 성리학적인 윤리는 조선시대를 살아간 사람들의 삶과 대인 관계를 규율하는 행동 기준으로 유용했을지 몰라도 현대인에게는 맞지 않는다는 것이다. 사실 삼강오륜의 내용을 하나하나

살펴보면 현대 사회의 윤리에 부합하기 어려운 측면을 발견할 수 있다. 예를 들어, 군위신강, 부위자강, 부위부강 삼강과 군신유의, 부부유별, 장유유서, 부자유친, 붕우유신 오륜 중에 군위신강과 군신유의 같은 항목은 중앙집권군주제 시대에나 통할 수 있는 내용이다. 부부간에 차별을 두는 부부유별, 연령을 대인 관계의 중요한 변수로 삼는 장유유서 같은 항목도 현대인의 정서에 맞지 않는다. 이러한 이유 때문에 성리학적인 윤리는 고리타분하고 시대착오적인 사회윤리로 치부되고 있고, 한 걸음 더 나아가 성리학 역시 다시 돌아볼 필요가 없는 과거의 학문으로 간주된다. 여기에다가 조선 시대에 있었던 당쟁과 사화가 성리학적 입장차에서 비롯된 것이라는 오해가 더해지면서 일반인에게 성리학은 다시 돌아보고 싶지 않은 과거의 유물이 되어 버렸다.

그러나 삼강오륜으로 대표되는 성리학의 사회윤리는 성리학을 구성하는 일부분일 따름이다. 성리학은 사회윤리뿐 아니라 우주론, 형이상학, 심성론을 포괄

하는 광범한 사상 체계다. 성리학 사상 전체로 볼 때 사회윤리가 중요한 부분이기는 하지만 그것을 핵심이라고 말하기는 어렵다. 성리학에서 사회윤리적인 측면은 사회적인 상황에 따라 행동이 표출되는 규칙을 다루는데, 이 규칙은 성리학의 핵심 지식에 해당하는 우주론, 형이상학, 심성론으로부터 도출되는 것들이다. 이런 점에서 삼강오륜으로 대표되는 윤리설은 성리학의 사상 체계에서 지엽적 또는 부차적인 위치를 차지한다고 평가할 수 있다. 그렇다면 이 지엽적인 영역에서 발견되는 문제점을 바탕으로 성리학 체계 전체를 부정하는 태도는 바람직하지 않다. 더구나 한국인의 사고와 생활 방식에 깊숙이 배어 있는 심리·행동적 특성을 설명하는 이론으로서 성리학이 지닌 가치를 생각하면 이는 매우 안타까운 일이다(한덕웅, 1994).

퇴계는 유학사 자체에서 중요한 위치를 차지하고 있다. 원시 유학, 송대 신유학을 거쳐 퇴계 유학에 이르면서, 유학은 점차 하늘의 뜻을 해명하고 따르는 데서 인간의 심리와 행동을 설명하는 이론으로 체계를 갖추게 된다. 그중에서도 퇴계 유학은 심학이라고 말할 수 있을 정도로 인간의 심적 구조와 심적 과정을 정밀하게 파헤치고 있다. 오늘날 퇴계 유학이 세계적인 명성을 얻게 된 데는 심학, 즉 인간의 심리에 대한 정밀한 분석이 차지하는 바가 매우 크다. 한국 유학사를 살펴보아도 퇴계는 이전의 성리학을 집대성하여 정통 성리학 체계를 수립하였을 뿐 아니라, 이후 조선 유학자들이 발전시킨 성리학적 논의의 출발점이 되었다는 점에서 중요한 위치를 차지한다. 오늘날에도 퇴계 유학을 연구하는 학자들이 증가하고 있다는 사실은 퇴계가 유학사에서 그만큼 중요한 인물이라는 점을 잘 보여 준다. 필자가 성리학을 논하면서 퇴계에 초점을 맞춘 이유가 여기에 있다.

상담은 '생활세계 곳곳에서 인격적인 만남을 통해 사람들의 바람직한 변화를 돕는 과정'이다. 따라서 상담을 수행하는 상담자는 사람들의 바람직한 변화를 돕기 위하여 청담자를 잘 이해해야 할 뿐 아니라 도움을 주는 여러 가지 과정, 절차, 기법, 전략을 많이 알고 잘 활용할 수 있어야 한다. 한국에서 한국인을 상대로 하는 상담이 성공하려면 한국인의 심리 구조와 심리 과정을 잘 이해할 필요가 있다. 퇴계 유학은 사람 일반의 심리와 행동을 분석하는 데 유용할 뿐 아니라, 특별히 한국인의 심리와 행동을 이해하는 데 중요한 단서를 제공한다. 퇴계 유학이 꽃피운 곳이 조선이라는 사실은 이 학문이 조선인을 염두에 두고 구성되었음을 시사하는데, 그 시대의 조선인과 현대 한국인 사이에 공통점이 존재한다고 할 때, 퇴계 유학이 현대 한국인을 이해하는 데 도움을 줄 수 있다는 사실은 의심할 여지가 없다. 따라서 퇴계 유학에서 상담적 요소를 찾아내고 이를 현대인의 삶과 연결짓는 작업이 결코 허무한 말장난으로 그치지 않을 터이다.

유학의 큰 단점의 하나는 너무 어렵다는 데에 있다. 이 점에서 퇴계 유학도 예외는 아니다. 내용 대부분이 어려운 한자말로 써 있고, 추상적인 개념을 많이 사용하고 있어서 이해하기가 힘들다. 해설서들 역시 어렵기는 마찬가지다. 그리하여 일반인들에게 유학은 그림의 떡에 불과하다. 읽고 해석하기 어려운데, 현대인들이 어떻게 유학을 가까이 할 수 있겠는가. 이런 이유 때문에 퇴계 유학도 퇴계학을 전공하는 학자들 사이에서 논의될 뿐, 이 영역 밖으로 나가면 아예 관심을 얻지 못한다. 이래가지고는 퇴계 유학을 현대에 되살리고 현대인의 삶과 연결지으려는 작업이 성공할 리가 없다. 앞으로 퇴계학을 전공하는 학자들은 일반인이 이해할 수 있도록 퇴계 유학을 쉽게 풀이하는 일에 앞장서야 한다. 어려워서 아예 발길을 돌리게 하기보다는 다소 문제가 있더라도 쉽게 풀이해서 사람들이 관심을 갖도록 이끄는 일이 중요하다.

필자는 이 글에서 상담과 관련지어 나름대로 퇴계 유학의 내용을 쉽게 풀이하려고 애쓸 것이다. 이 과정에서 퇴계를 오독하고 잘못 해석하는 부분이 있을 수 있다. 그렇다 하더라도 퇴계를 과거의 유물로 버려두는 행위보다 한결 낫다고 생각한다. 혹 필자의 풀이가 잘못되었다면 선학의 친절한 안내를 바란다.

이 글은 퇴계의 삶과 사상 중에서 상담과 관련되는

부분을 추출하여 재구성하려고 한다. 따라서 퇴계의 사상 체계 전체를 다루지 않고 그중에서 필요한 부분에 초점을 둘 것이다. 이 글의 목적이 퇴계의 철학을 소개하는 것이 아니라 퇴계 유학을 중심으로 한국적 상담의 성립 가능성을 탐색하는 데에 있기 때문이다.

2

퇴계 유학의 중심 개념

퇴계 유학의 내용들 중에서 상담과 관련되는 부분은 주로 심성론, 다시 말하면 사람의 마음을 다룬 부분에 집중되어 있다. 따라서 여기서는 퇴계가 마음에 관해 논한 부분에 초점을 맞추어 논의를 전개할 것이다. 우선 퇴계 유학의 중심 개념을 살피되, 가능한 한 쉬운 말로 이 작업을 시도해 보자.

1. 마음

퇴계 유학에서 심(心)으로 표현되는 용어는 마음이라고 번역할 수 있다. 마음은 넓은 의미와 좁은 의미로 나누어 볼 수 있다. 넓은 의미의 마음은 사고, 정서처럼 몸에 대비되는 심리적 특성을, 좁은 의미의 마음은 자신을 통제하고 관리하는 주체적인 특성을 지칭한다. 넓은 의미의 마음은 성(性)과 정(情)을 담고 있으며, 리(理)와 기(氣)를 합한 것이라고 표현되기도 한다. 좁은 의미의 마음은 성과 정을 통합하고 주도하는 기능을 뜻한다.

퇴계는 마음의 기능에 염(念)·려(慮)·사(思)·지(志)·의(意)를 포함시키고 있는데, 이 중에서 특히 지·사·의를 중요하다고 본다. 사는 치밀하고 꼼꼼한 생각을, 지는 마음이 가는 곳을, 의는 어떻게 하려고 주장하는 바를 뜻한다. 의는 마음에 정이 발동하였을 때 무엇을 어떻게 하여야 되겠다는 능동적 사유 작용을 일으키는 것으로서 마음을 선함 또는 악함으로 이끌 수 있는 중요한 기제에 해당한다.

마음은 크게 도심(道心)과 인심(人心)으로 나눌 수도 있다. 도심은 인의예지(仁義禮智) 4덕을 갖춘 깨우친 마음으로서 리(理)가 드러난 건강한 마음이며, 인심은 기(氣)에서 발생하여 욕심에 따라 타락할 수 있는 위태로운 마음을 뜻한다. 마음에서 도심이 우세하게 작용하고 인심이 욕심으로 인해 타락하지 않게 하려면 경의 방법을 사용해 마음을 한결같이 해야 한다는 것이 퇴계의 주장이다.

이 밖에도 마음은 허, 령, 지, 각, 인, 의, 예, 지 등 다양한 요소들로 구성되어 있다고 한다.

2. 성

성은 마음속에 갖추어져 있는 리를 말한다. 달리 말하면 리가 갖추어져 있는 마음 부분이 성이다. 마음이 성을 담고 있는 그릇이라면, 성은 마음 가운데 성리학적 원리(4덕/5상)와 조화되는 내용만을 지칭한다.

성은 본연지성과 기질지성으로 구분된다. 사람이라면 누구나 보편적으로 가지고 태어나는 선한 요소를 본연지성이라고 하고, 개인에 따라서 또는 상황에 따라서 선악을 달리하는 요소를 기질지성이라고 한다. 퇴계는 마음속에서 본연지성이 우세하게 확보되고, 또 기질지성에서도 선한 요소가 강하게 표출될 수 있도록 마음가짐을 훈련하는 일이 중요하다고 보았다.

성은 마음속에 갖추어져 있는 리를 말하므로 리의 특성인 인지적인 합리성 또는 이성이라고 해석할 수 있다(한덕웅, 1994).

3. 정

정은 성이 드러난 상태를 의미한다. 마음속에 갖추어져 있지만 아직 드러나지 않은 상태가 성이라면, 정은 드러난 상태 전부를 포함한다. 그러므로 성은 마음에서 활성화된 인지적, 동기적, 정서적 상태라고 정의할 수 있다. 하지만 성리학에서 흔히 언급되는 사단칠정(四端七情)에 한하여 분석하면 정은 심리학적 용어인 정서에 가장 가까운 개념으로 볼 수 있다. 희노애구애오욕(喜怒哀懼愛惡慾)을 가리키는 칠정은 서구의 정서론에서 보는 기본 정서들과 유사하며, 단일하고 직접적으로 표출되는 정서이므로 정서들로 보는 데 무리가 없다. 여러 정서가 어울린 복합 정서로 볼 수 있는 사단은 4덕(또는 5상)에 관한 지식과 연관되는 인지적 매개 과정을 거치므로 정서의 특수한 범주에 해당하는 정조(sentiment)에 가깝다(한덕웅, 1994).

퇴계는 사단칠정에 대하여 다음과 같은 입장을 견지하고 있다. 정인 사단, 즉 측은지심(惻隱之心, 측은히 여기는 마음), 수오지심(羞惡之心, 부끄러워하는 마음), 사양지심(辭讓之心, 양보하는 마음), 시비지심(是非之心, 옳고 그름을 가리는 마음)은 인간이 선천적으로 지닌 성의 4덕을 드러내는 단서 또는 실마리다. 여기서 실마리라는 말은 사단으로 표출되는 마음(정)으로 미루어보아 본래 4덕(성)이 존재하고 있음을 알 수 있다는 뜻이다. 그런데 이 사단의 마음을 키우고 넓히려면 스스로 4덕이 있음을 생각하여 앎으로써 가능하다고 본 듯하다.

퇴계는 사단과 칠정을 따로 구분되는 정서로 분류하고 있다. 사단은 비록 기가 따르고 있지만 주로 하여 말하는 것이 리에 있고 기에 있지 아니하며, 칠정은 비록 리도 겸했지만 주로 말하는 것이 기에 있고 리에 있지 않다. 또 사단은 그 출발점이 본연지성에서 온 것이요, 칠정은 기질지성에서 나온 것이라는 점에서도 차이가 있다고 한다(이상은, 1999).

4. 리와 기

성리학에서는 천지만물이 모두 리와 기로써 이루어진다고 본다. 여기서 리(理)는 원리와 법칙을, 기(氣)는 형태를 만들어내고 사물에 작용하는 힘으로 간주된다.

리는 하늘로부터 부여받은 명령으로서 네 가지 덕과 다섯 가지 성을 갖추고 있다. 여기서 네 가지 덕은 시작, 통함, 이루어짐, 완성됨의 네 가지 순환(元亨利貞) 원리를 뜻하고, 다섯 가지 성은 소위 오상(五常)이라고 일컫는 인의예지신(仁義禮智信)을 뜻한다. 기는 리를 실현하는 힘 또는 흐름으로서 음양과 오행(五行)으로 표현된다. 오행은 리를 이어받아 만물을 낳고(木), 성장시키고(火), 거두어들이고(金), 완성시키고(水), 사철 늘 왕성하게 하는(土) 힘으로 작용한다.

퇴계는 리와 기가 따로 존재할 수 없음을 분명히 하면서도 리는 장수이고 기는 병졸이라는 말로 리가 가치론적으로 우위에 있음을 강조한다.

리기를 인간의 심리를 설명하는 성리학적 원리라고 본다면, 리는 넓은 의미의 인지 범주에 포함시킬 수 있는 이성 혹은 합리성으로, 그리고 기는 생리적 반응, 감성, 동기 혹은 비합리성으로 해석할 수 있다(한덕웅, 1994). 이처럼 리기를 각각 지성과 감성으로 해석하면 성정과 리기와 관계, 사단칠정과 리기의 관계를 보다 쉽게 이해할 수 있는 길이 열린다.

앞에서 성은 마음속에 갖추어져 있는 리라고 하였는데, 이를 한덕웅 식으로 해석하면 성은 마음속에서 작용하는 지성, 이성, 합리성 등 인지 과정을 가리킨다고 말할 수 있다. 따라서 마음속에서 성을 확충하는 방법으로 인지적인 특성을 훈련하는 일이 중요하게 부각된다. 퇴계는 리가 자체로서 활성화된다고 주장하지만(理發), 리는 표출되는 힘이라는 점에서 기(氣發)에 비하여 아주 미약하다는 단점이 있다. 그렇기 때문에 리의 활성화에 의해 실현될 수 있는 성 역시 마음에서 드러나고 행동으로 표출되는 힘이 약하기 마련이다. 여기에서 인지 과정인 리를 갈고 닦아 마음에서 성이 강하게 드러나도록 돕는 훈련이 필요하다.

앞에서 정은 사단칠정으로 구분된다고 하였다. 퇴계는 이중에서 사단은 리가 드러나 기가 따르는 현상이며, 칠정은 기가 발하여 리가 타는 것이라고 하였다. 아울러 칠정에서는 때로 리가 기를 통제하지 못하여 기의 흐름이 리를 가릴 수 있다고 하였다. 이를 한덕웅

식으로 해석하면 사단은 이성적 인지 과정이 유발되어서 이 인지를 매개로 생리·동기·정서가 따르는 현상이고, 칠정은 생리·동기·정서가 유발되고 여기에 인지 과정이 얹히는 현상인데, 칠정에서는 생리·동기·정서적 측면이 인지 과정을 흐리고 왜곡할 가능성이 다분하다는 것이다(한덕웅, 1994). 퇴계가 칠정의 드러남에 특별한 주의를 요청한 이유가 여기에 있다.

5. 경

"경은 성학의 시와 종이 되는 요체다(퇴계전시, 상, 성학십도, 대학경, p. 203; 퇴계전서, 상, 성학십도, 경재잠, p. 210)." "경이 한 마음의 주재가 되어서 만사의 근본이 된다(퇴계전서, 상, 성학십도, 대학경, p. 203)."고 언급할 정도로 퇴계는 경을 중시하고 있다. 경은 마음을 주도하고 통제하여 안으로 심성의 도덕적 바탕을 배양하며(存養 내지 涵養), 밖으로 행동 속에서 악이 드러날 수 있는 가능성을 반성하고 억제하는(省察) 수양의 원리다. 경의 원리에 따라 인간의 심성에 깃들어 있는 하늘의 뜻(天命)을 지키고 하늘의 뜻을 실현함으로써 자신의 완성을 지향하는 수양 공부는 도학의 출발점이요 목적지를 의미하는 것으로 중요시되어 왔다. 쉽게 말해 경은 마음을 지키고 성장시키는 주체요 방법이면서 동시에 균형잡힌 마음 상태를 뜻하기도 한다. 그렇다면 경의 요소 또는 경을 유지하기 위한 조건은 무엇일까? 이상은(1999)은 여러 설을 종합하여 경을 지키기 위한 세 가지 조건을 들고 있는데, 이를 쉽게 풀이하여 제시하면 다음과 같다.

첫째, 마음이 항상 제자리에 있어야 한다. 개별적 · 구체적으로 존재하는 인간은 각기 자신의 마음을 가지고 있다. 이 마음은 자기 존재의 기본이 되는 것으로 지금 이곳에 있고 지금 이곳에서 생생하게 활동하고 있다. 이 마음은 '지금—여기'라는 제자리를 지켜야 한다. 마음이 제자리를 지켜야 진정한 주인으로서 행세할 수 있다. 따라서 경의 첫째 조건은 마음이 제자리를 지키는 것이다.

둘째, 마음은 항상 자각 상태에 있어야 한다. 마음이 해이해 풀어지거나 너무 긴장해 조바심하는 일 없이 항상 무슨 일이 있을 것에 대비하는 각성 상태에 있어야 한다는 말이다. 그런데 마음이 자각 상태를 유지하려면 기가 함부로 작용하지 못하도록 방지하여야 한다. 따라서 생리적·동기적·정서적 흐름이 이성적 과정을 방해하지 않도록 잘 살펴야 한다.

셋째, 마음은 활동할 때(動)나 멈출 때(靜)나 항상 한결같아야 한다. 마음이 멈추어 있을 때에는 다른 잡념이 섞이지 않은 순수하고 깨끗한 마음씨를 유지하고, 움직일 때에는 힌군데로 집중하여 흐트러짐이 없어야 한다. 한군데에 집중하여 흐트러짐이 없다는 말은 그 한군데에 집착한다는 말이 아니라, 일을 처리할 때 마음에서 일어나는 모든 사유와 감정에 있어서 마음이 리를 주로 하여 기를 통솔하는 방식을 취함을 뜻한다.

이 세 가지 조건을 충족시키는 마음의 자세를 갖추고 있으면 마음은 항상 자주·자유·자각의 상태에 있게 되어, 만사만물의 변화에 따라 대응하면서도 언제나 중심을 잃지 않고 올바른 길을 갈 수 있다고 한다. 경은 이 같이 중요한 의의를 차지하고 있기 때문에 퇴계 철학에서 특히 강조된다. 경의 구체적 방법에 대한 논의는 뒤에서 보다 자세히 다룰 것이다.

6. 거경, 궁리, 성찰

거경(居敬 혹은 *存養*), 궁리(窮理), 성찰(省察)은 모두 경 상태를 이루는 심적 조절 방법들이다. 거경, 궁리, 성찰에 의해서 도달하는 마음의 상태는 신유학에서 선이라고 규정된 4덕/5상을 실현하고자 하는 동기가 일어날 수 있는 좋은 조건을 만들어 준다.

거경은 움직일 때나 멈출 때나, 드러날 때나 숨어 있을 때나, 안에서나 밖에서나 경의 상태를 지속적으로 유지하는 방법을 말한다.

궁리는 마음의 리를 인식하는 노력을 말하는 것으로

거경은 궁리를 잘할 수 있는 조건을 마련해 주며, 궁리에 의해서 거경이 촉진될 수 있다. 퇴계는 궁리의 방법으로 '주실적 궁리법(周悉的 窮理法)'이라는 독창적인 방법을 제안했다. 주실적 궁리법에 대해 퇴계는 다음과 같이 언급하고 있다. "모름지기 마음을 크게 하고 안목을 높게 가져서 절대로 먼저 어느 한 가지 설을 위주로 하지 말고 허심탄회한 태도로 의취를 차근차근 살펴야 한다. 의를 살핌에 있어서 같은 점 중에서도 서로 다른 점이 있음을 알아야 하고, 서로 다른 점 가운데도 같은 점이 있음을 알아야 한다. 나누어서 둘로 분석하더라도 나누어 분석하지 않았을 때의 본래의 뜻을 해치지 않아야 하며, 한 가지로 합하여 살핀다고 할지라도 실제로는 서로 혼합되지 않은 결과가 되도록 해야 한다. 그래야만 치우침이 없고 두루 알게 된다(퇴계전서, 상, 답기명언, 논사단칠정제일서, pp. 406-407)."

퇴계는 '고요한 데서 마음을 간직하면(操存) 어둡지 않고, 활동하는 데서 살피면(省察) 섞이지 않는다.'고 하여 경의 실천 방법으로서 조존(존양, 함양)이 멈출 때의 공부요, 성찰이 움직일 때의 공부로 대응되는 것임을 밝히고 있다. 아울러 성찰의 구체적 방법으로 일일삼성(一日三省)을 제시하고 있는데, 일일삼성은 하루에도 여러 번 자신의 행동과 정서 경험을 반성하고 이를 자신의 심적 체계 속으로 되먹임하는 마음의 활동을 말한다.

3

퇴계가 본 마음의 구조와 작용

퇴계는 『심통성정도』에서 마음은 리와 기가 합한 것(合理氣)이라고 정의하고, 합리기의 결과로 허령지각(虛靈知覺)이 생긴다고 하였다. 여기서 허령지각은 텅 빈 마음의 속성이면서 동시에 허령하게 지각된 상태, 즉 인식의 최종 단계를 의미한다. 그리고 마음이 아직 활동하지 않은 상태에서의 성(性)은 만물의 이치를 갖추고 있고(具衆理), 마음이 활동하고 있는 상태의 정(情)은 만사에 접하여 대응하는(應萬事) 속성을 갖추고 있는데, 마음은 이 성과 정을 조절하고 통제한다고(統性情) 하였다.

심의 구조에 대한 퇴계의 말을 풀어서 생각해 보자. 마음은 이성적인 인지 과정과 생리적·동기적·정서적 과정이 합쳐진 복합체인데, 이 복합체는 텅 빈 거울처럼 비어 있지만 대상을 지각할 수 있는 능력을 갖추고 있다. 즉, 마음이라는 복합체는 대상에 대한 지각을 가능하게 하는 바탕이면서 동시에 대상을 지각하는 능력을 가지고 있다. 그런데 마음이 아직 활동하기 이전의 고요한 상태에서는 성에 모든 이치를 담고 있고, 마음이 활동하는 상태에서는 정이 움직여 만사 만물에 대응한다. 마음은 이 성과 정을 조절하고 통제하는 기능을 갖추고 있다.

퇴계의 말에서 우리는 마음의 구조와 작용이 함께 설명되어 있음을 알 수 있다. 마음은 기본적으로 리와 기, 성과 정을 합한 것일 뿐 아니라 성과 정을 통제하고 조절하는 주체 역할을 한다. 심통성정(心統性情)이라는 말은 마음이 단순히 성과 정을 집합적으로 모아 놓은 것일 뿐 아니라 성과 정을 다스리고 통솔하는 역할을 한다는 말이다. 그리하여 퇴계는 마음이 성을 통솔하지 못하면 고요할 때 이치에 다가갈 수 없고, 마음이 정을 통솔하지 못하면 절도에 맞는 조화를 이룰 수 없어서 방탕하게 되기 쉽다고 하였다.

리와 기가 합하여 생기게 되는 허령지각이라는 말 역시 마음의 구조와 작용을 동시에 드러낸다. 퇴계는 지각 능력인 허령(체)과 지각 작용인 지각(용)이 오묘하게 결합하고 있음을 마음의 기본 구조로 확인하고 있다. 허령은 비어 있으면서 신령스러운 마음의 본체를 말한 것이고, 지각은 사물을 인식하는 마음의 작용을 말한다. 따라서 허령과 지각은 마음에서 체용 관계를 이루고 있다. 퇴계는 마음의 본체인 허령에서도 허는 리요, 령은 리와 기의 결합이라고 제시한다. 허는 마음의 본체로서 리의 소리도 없고 냄새도 없는 허함을 가리킨 것이며, 령은 마음의 본체에 이미 지각 능력이 있는 것으로 리와 기가 결합된 것이라는 말이다. 텅 비어 있으면서 우주 만물의 원리와 이치를 갖추고 있는 마음의 허령함이 대상 세계와 마주치면서 지각과 인식을 형성해 나간다는 것이다.

이렇게 보면 마음은 엄청난 능력을 갖추고 있다. 마음은 고요할 때 그 안에 세상 만물의 원리와 이치를 담고 있고 움직여 만사 만물에 대응한다. 아울러 성과 정을 통솔하여 조화를 이루고 대상 세계에 대한 올바른 지각과 인식을 이끌어 가는 주체다.

여기서 마음이 어떻게 발동하느냐가(心發) 중요한 문제로 등장한다. 다시 말해 마음의 작용을 어떤 방향으로 이끌어 갈 것인지가 중요하다. 마음은 잠재적으로 모든 가능성을 다 갖추고 있지만, 실제 이 마음을 어떻게 쓰느냐에 따라서 선하거나 악한 결과가 갈라질 수 있다. 퇴계는 마음을 발동시키는 능동적인 주체로서 의(意)를 주목한다. 마음에서 성이 드러나 정이 되는 과정에서 보면, 성에는 리가 담겨 있으므로 항상 선하지만 정에는 리가 곧바로 드러날 수도 있고, 기에 의해 가려지거나 방해받을 수도 있기 때문에 그 결과가 때로는 선으로 때로는 악으로 기울어질 수 있다. 여기에 퇴계는 정에서 선악이 드러나는 단서가 매우 미약하다고 지적하고 마음이 스스로 움직이는 의가 개입함으로써 선과 악이 갈라지는 계기가 열린다는 사실에 주목하였다. 즉, '마음에서 의가 움직여서 정을 끼고 왼쪽으로 가기도 하고 오른쪽으로 가기도 하며, 혹은 하늘의 공정한 뜻(천리)을 따르기도 하고 개인의 사사로운 욕심(인욕)을 따르기도 한다. 선과 악의 구분은 이로 말미암아 결정되는데, 이것이 이른바 의는 선악의 기미라는 것이다.' 라고 하여 의가 마음의 작용 현상인 정을 끼고서 천리나 인욕 쪽 어느 방향으로도 끌고 갈 수 있는 능동적 주체임을 밝히고 있다. 따라서 선악의 도덕적 책임은 정에 있는 것이 아니라 의에 있으며 마음의 주체에 있다는 것이다. 다시 말해 선악의 가능성과 결과적 현상은 정에서 확인할 수 있지만 선악이 결정되는 도덕적 근거와 책임은 의에 있다는 것이다. 마음의 방향과 행동을 결정하는 주체적 자율성으로서 의가 매우 중요하게 인식되고 있음을 알 수 있다.

　지금까지 정리한 퇴계의 마음의 구조와 작용을 조금 쉽게 다음과 같이 풀이할 수 있다. '나의 마음에는 태어날 때부터 가지고 있던 이성, 합리성, 인지적인 속성(지성)과 생리적·동기적·정서적 능력(감성)이 있다. 움직이지 않고 가만히 있을 때 나의 마음은 세상 모든 것을 끌어안을 수 있는 텅 빈 상태가 된다. 이때 마음은 가라앉고 세상 만물의 원리와 이치를 꿰뚫을 수 있는 이성과 합리성이 우세해진다. 이제 마음이 움직이면서 여러 가지 생각, 감정이 일어난다. 바깥에서 일어나는 여러 가지 사건과 대상에 따라 마음은 이리저리 움직여 대응하고 끊임없이 생각과 감정이 이어진다. 이 와중에 나의 의지가 개입한다. 나는 나의 의지에 따라 이런저런 선택과 결단을 하고 그에 이어 생각과 감정과 행동이 따른다. 올바른 선택을 할 때 밝고 좋은 생각, 밝고 좋은 기분이 드는 반면, 잘못된 선택을 할 때 어둡고 좋지 않은 생각과 느낌이 든다. 알고 보면 올바른 선택은 내가 태어날 때부터 가지고 있던 지성과 감성에 어울리는 내용이고, 잘못된 선택은 나의 사사로운 욕심이 반영된 내용이다. 어찌됐든 선택과 결단을 한 주체는 나이므로 내 선택에 대한 책임은 바로 나에게 있다.'

4

퇴계의 마음 수양론

퇴계는 성리학의 이론적 정밀성을 추구할 뿐 아니라 인격적 완성을 추구하는 수양론에도 관심을 가졌다. 그는 리기의 형이상학적 존재론을 발판으로 인간 내면에 존재하는 심성의 특징과 양상을 해명하려고 하였다. 즉, 리기·심성의 성리설을 토대로 마음의 실체를 규명하고 이를 보존·배양하여 인격을 완성하는 데 학문의 초점을 두었던 것이다.

성리설이 심성의 리기론적 근거를 해명하고 있다면, 수양론은 심성의 보존과 배양을 통하여 인격 향상을 추구하는 실천 방법을 계발하는 데 주력하고 있다. 성리설이 마음의 본체론적인 근원을 분석하는 것이라면, 수양론은 마음에 응용하는 훈련이라고 할 수 있다. 따라서 이 둘은 동전의 양면같이 불가분의 관계를 이루고 있으며, 동일한 마음을 서로 다른 방향에서 접근하는 것이므로 양자의 상호 보완적 역할을 주목하여야 할 것이다(금장태, 1998).

퇴계 수양론은 기본적으로 경(敬)에 집중되어 있다.

1. 퇴계 수양론에서 경의 위치

퇴계는 '마음은 한 몸의 주재'이고 '경은 한 마음의 주재요, 만사의 근본이다.' 라는 말을 인용하여 경의 중요성을 강조하였다. 이 말은 경이 마음을 주도하고 마음이 몸을 주도하는 관계의 질서를 제시한다. 여기서 경은 마음과 분리되어 마음 바깥에 따로 존재하는 것이 아니라 마음이 스스로 자신을 통제하여 응집시키는 힘이라고 할 수 있다. 이러한 경은 인간의 마음을 거두어들이고 통제하는 마음 자체의 구심점이며, 마음을 최고의 상태로 각성시키고 통일시키는 중심축으로 이해할 수 있다(금장태, 1998). 따라서 경은 퇴계 수양론에서 핵심을 차지한다. 이제 경의 실천 방법에 대하여 자세히 살펴보자.

2. 경의 실천 방법

퇴계는 경의 실천 방법으로서 일이 있을 때나 없을 때나, 활동할 때나 고요할 때나, 겉으로 드러나서나 속으로 침잠하여서나 일관되게 관통하여 실현되어야 하는 것으로 보았다. 여기서 퇴계의 구체적인 경 수행 방법을 동정일관, 표리일치, 양방향법으로 구분해 설명해 보자.

1) 동정일관의 수양법

퇴계의 수양법에서 경은 고요할 때와 활동할 때를

관통하여 중단됨이 없어야 한다. 고요할 때와 활동할 때의 수양이 분리된 것이 아니라 서로 소통하여야 한다는 말이다.

고요할 때는 마음이 아직 발동하지 않은 상태로 아무 것도 의식 속에 두지 않을 것을 강조한다. 여기서 아무 것도 의식 속에 두지 않는다는 말은 불교나 도교에서 말하는 허무와 공적을 추구하는 것이 아니다. 퇴계 역시 엄숙하고 가지런하게 앉아 몸과 마음을 수렴하는 방법을 중시하고 있는데, 이는 앉아서 고요함을 즐기기 위함이 아니다. 그는 하루 종일 앉아 선을 하며 자기를 잊고 벗어나려는 방법(坐忘法)은 바보 같은 짓이라고 비판한다. 다만 마음은 사물을 대함에 있어 오기 전에는 맞이하지 않고, 막 오면 비추어 대응하고, 대응하고 나서는 남겨두지 않아야 한다. 따라서 이러한 마음은 그 본체가 맑은 물과 같으니, 비록 매일 같이 온갖 일을 대하더라도 마음속에 남는 찌꺼기가 하나도 없어야 한다. 이처럼 마음은 고요할 때와 움직일 때 일관된 태도를 유지할 수 있어야 한다.

경을 잘 실천하면 그 효과로서 고요할 때는 '마음의 본체가 텅 비고 밝아서 본성이 깊고 순수하며,' 움직일 때에는 '의리가 훤히 드러나고 물욕이 물러난다.'고 하였다. 달리 말하면 고요할 때에는 하늘이 부여한 원리와 이치에 푹 젖어 즐기고, 활동할 때는 사사로이 작용하는 욕심을 싹트는 시점에서 끊어버린다는 뜻이다. 경의 수양 공부가 하늘의 뜻을 체험하고 사사로운 욕망을 통제하는 일임을 명확하게 드러내고 있다.

퇴계가 주목하는 고요할 때와 활동할 때 일관하는 수양 방법을 몇 가지 들어 보자.

첫째, 엄숙·정제(嚴肅·整齊)다. 고요할 때는 마음을 엄숙하게 갖고 활동할 때는 가지런한 모습으로 하라는 뜻이다. 안으로는 무게 있는 마음가짐, 밖으로는 단정하고 가지런한 몸가짐으로 표현되지만, 이들은 고요할 때와 활동할 때 일관되게 실천되어야 할 자세다.

둘째, 조존·성찰(操存·省察)이다. 조존과 성찰은 마음속에서 일어나는 활동의 계기를 주목하는 수양법으로서 조존(존양)은 마음의 주체를 각성시키고 배양하는 역할을 하며, 성찰은 마음의 활동이 가져오는 결과를 분별하여 반성하고 살피는 역할을 한다. 퇴계는 '고요할 때는 조존함으로써 텅 비고 신령하여 작용이 없는 본체의 자리에 익숙하도록 하고, 활동할 때는 성찰함으로써 미세한 조짐과 움직임을 잘 분별하여야 한다.'고 하였다.

셋째, 계구·체찰(戒懼·體察)이다. 계구는 경계하여 삼가고 두려워함을 말하며, 체찰은 자신을 정밀하게 살핌을 뜻한다. 고요할 때는 마음이 제자리를 지키고 있는지 삼가고 두려워하는 마음으로 경계하고, 활동할 때는 잘못되거나 어긋난 곳이 없는지 주의깊게 살피는 방법이다. 고요할 때나 활동할 때나 마음을 조심스럽게 가져야 할 필요를 지적하고 있다.

2) 표리일치의 수양법

표리일치의 수양법은 겉으로 드러난 모습과 속으로 품는 마음이 하나로 일관되어야 함을 강조한다. 중심에서 주체를 확립하고 밖으로 모든 현상에 대응하면서 조화를 잃지 않는 모습을 지키라는 것이다. '평소에 일이 없을 때는 성품의 본원을 함양하되, 바깥으로는 생각하는 것처럼 정중하게 하고 마음속으로는 하나를 주장하라.'는 퇴계의 말은 경으로 겉과 속을 일관시켜야 함을 제시하고 있다.

퇴계는 속과 겉을 일관되게 유지하기 위하여 언제나 마음이 일치되어 분산되지 않게 하는 주일무적(主一無適)의 자세를 강조하였다. 여기서 주일은 마음의 주체성을 확립함으로써 밖으로부터 들어오는 자극과 사건에 적절하게 대응함을 뜻한다. 주일이 한 가지 대상이나 생각에 집중하여 마음이 사로잡혀 있는 것이 아님을 분명히 하고 있다. 마음이 주체가 되어 일관성을 유지하면 굳이 생각하는 수고를 하지 않아도 일에 따라 알맞게 대응하는 일이 가능하다는 말이다.

퇴계가 주목한 속과 겉을 일치시키는 수양법을 몇 가지 들어 보자.

첫째, 함양·엄약사(涵養·儼若思)다. 속으로는 깊고 두텁게 성품을 함양하고, 겉으로 사람과 일에 대응할 때 가볍게 지나치지 않을 것을 강조하여 속과 겉으로 경의 실천이 일관되기를 요구하는 방법이다.

둘째, 함양·연색(涵養·研索)이다. 속으로 엄숙하게 마음을 함양함을 근본으로 삼고, 깊이 침잠하여 연마하고 탐색함을 학문으로 삼을 것이며, 이 도리가 한 순간도 자신으로부터 떨어지지 않도록 마음과 몸으로 익혀 나가는 방법이다. 나아가 이 수양법을 지속적으로 실천하여 '그 사이에서 노닐고 젖어서 점차 쌓아 오래가다보면, 홀연히 녹고 깨끗해지게 되는' 경지에 도달하는 것을 목표로 삼는다.

셋째, 구방심·양덕성(求放心·養德性)이다. 속으로 흩어진 마음을 거두어들이는 일(구방심)과 덕성을 기르는(양덕성) 방법 역시 바깥과 떠나 있지 않은 것으로 주목된다. 퇴계는 심성의 수양 공부로서 구방심과 양덕성의 실천을 위해서 안으로 마음을 집중하고 각성시킬 뿐 아니라, 밖으로 나타나는 사고와 행위를 제재함으로써 마음을 기르는 방법을 강조하였다. 삼가고 근심한다든가, 외모와 의복을 단정하게 한다든가, 몸가짐을 바르게 하는 행동 모두 흩어진 마음을 거두어들이고 덕성을 기르는 일에 도움이 되는 방법들로서 중시된다(금장태, 2002).

3) 양방향 수양법

퇴계는 마음을 지키고 함양함으로써 사회적 윤리에 어울리는 올바른 행동이 드러나도록 하는 데에 일차적 관심을 두었지만, 동시에 몸가짐 또는 행동의 조절을 통하여 마음을 지키는 방법에도 관심을 두었다. 앞에서 이야기한 여러 방법들은 주로 마음에서 행동으로 향하는 방향에 초점을 두고 있는데, 여기서는 몸가짐 또는 행동으로부터 마음으로 향하는 수양법에 대해 살펴보자.

퇴계는 여러 지인에게 보내는 편지에서 일상적이고 구체적인 행동의 조절을 통해서 올바른 마음 상태를 유지할 수 있다고 밝혔다. 보고 들으며(視聽), 말하고 행동하며(言動), 말하는 투(辭氣), 얼굴모습(容貌)을 법도대로 지킬 때 마음가짐이 제자리를 지킬 수 있다는 것이다. 보다 구체적으로 퇴계는 공자가 제시한 사물(四勿), 증자가 제시한 삼귀(三貴)를 중요한 방법으로 채용할 것을 권한다. 사물은 몸가짐에 관련된 행동들로서 예가 아니면 보지 말고, 듣지 말고, 말하지 말고, 움직이지 말라는 해서는 안 될 것 네 가지를 말하고 있으며, 삼귀는 몸가짐(容貌)에서 난폭하고 오만함(暴慢)을 멀리하며, 얼굴빛(顏色)을 바로잡는 데 믿음을 가까이 하며, 말투(辭氣)는 야비하고 이치에 어긋남을 멀리하는 등 군자가 지켜야 할 세 가지 귀한 행동을 말하고 있다.

이와 더불어 몸가짐에서 신체 각 부위의 동작이 지켜야 할 내용 아홉 가지(九容)와 몸가짐과 마음가짐에서 지녀야 할 아홉 가지 생각(九思)을 중요한 수련법으로 제시하고 있다. 구용은 "발걸음은 신중하게 하고, 손놀림은 공손하게 하고, 눈움직임은 단정하게 하고, 입모습은 사용하지 않을 때 움직이지 말고, 말소리는 조용하게 하고, 머리모습은 바르게 세우며, 호흡은 고르게 하고, 서 있는 모습은 의젓한 기상을 지니고, 낯

빛은 장중하게 지녀야 함(예기, 소학, 내편, 경신, p. 187)"을 말하며, 구사는 "볼 때에는 밝게 보는지 생각하고, 들을 때에는 총명하게 듣는지 생각하고, 안색은 온화하게 지니는지 생각하고, 모습은 공손한지 생각하고, 말할 때는 진실한지 생각하고, 일할 때는 한 가지 일에 전념하는지 생각하고, 의심이 생기면 아는 이에게 물을 일을 생각하고, 분노할 때는 어려움이 닥칠 일을 생각하고, 재물처럼 얻을 바를 볼 때에는 옳은 일인지 생각한다(논어, 계씨, 경서, p. 387)." 등이다.

퇴계는 또 마음을 잡는 쉬운 법칙의 하나는 자신이 가까이 관찰할 수 있는 자기 행동에서 시작하는 것이라고 지적하고 있다. 퇴계는 "서경의 홍범에 나오는 다섯 가지 일(視, 聽, 貌, 言, 思)은 생각을 주로 한다. 그러나 마음을 잡는 단계는 반드시 볼 수 있는 데부터 법칙으로 삼으면 지극히 가깝고 명백하여 마음을 지키기 쉽다. 그 때문에 다섯 가지 일의 순서에서 생각하는 일이 제일 나중에 있으며, 공자가 사물을 말하면서 생각은 언급하지 않았으니, 이는 대개 배우는 자로 하여금 볼 수 있고 지키기 쉬운 법칙부터 시작하여 볼 수 없고 잡아맬 수 없는 마음을 기르고자 한 때문이다(퇴계전서, 상, 답김이정, p. 682)."라고 말하면서 보다 세부적으로 다음과 같은 몸가짐과 생활 자세를 가지라고 추천하고 있다.

"의관을 바르게 하며, 보는 눈매를 존엄하게 하라. 마음을 침착하게 가라앉혀서 상제(하느님)를 대하듯 머물라. 발은 반드시 무겁게 두고 떼어놓으며, 손은 반드시 공손하게 사용하고 두어라. 땅을 밟을 때는 반드시 가려 밟아서 개미집이라도 피하여 돌아가라. 문 밖으로 나설 때는 손님을 뵙듯이 하며, 일을 할 때에는 제사지내듯이 하되, 어려운 일처럼 조심스럽게 해서 혹시라도 쉬운 일처럼 안이하게 처리하지 말라. 입은 다물기를 병처럼 하고, 뜻을 방비하기는 성처럼 하라. 모든 일에 성실하여 혹시라도 가볍게 하지 말라(퇴계전서, 상, 성학십도, 제구경재잠도, p. 209)."

3. 경의 효과

　퇴계가 수양법으로서 경을 그토록 강조한 이유는 경을 통해 얻는 효과가 매우 크기 때문이다. 한덕웅(1994)은 퇴계 학문의 목표 또는 성리학의 목표라고 할 수 있는 4덕 내지는 5상을 체현하는 일이 경에 의해 가능하다는 사실을 심리학적으로 설명하고 있다.

　첫째, 경 상태에 이르면 사물이나 사건의 지각에서 볼 수 있는 정확성뿐 아니라 인간이 설정한 목표를 추구하는 과정에서 동기를 활성화하고 지속시키는 촉진 조건을 제공한다. 퇴계 심리학에서 목표로 추구하는 덕목은 태어나면서부터 마음에 존재하는 4덕/5상을 활성화하는 일인데, 마음으로 자기 조절을 하는 경의 목적은 이 4덕/5상이 마음에서 우세하게 나타나도록 하는 데에 있다.

　둘째, 이 목표를 추구하는 활동이 효과적으로 이루어질 수 있도록 주의 집중하고 적절한 계획과 방략을 마련하는 인지적 기능도 촉진한다. 항상 자각된 마음이 제자리를 지키면서 고요할 때 깨끗함을 유지하고 활동할 때 두루 살펴 조심하면 생리적·동기적·정서적 흐름이 이성적 사유 과정을 방해하지 못하게 되고, 따라서 외부 대상에 응할 때보다 적절한 인지적 대응 전략을 활용할 수 있게 된다.

셋째, 행동 표출이 습득되어 있는 조건에서는 자신의 판단에 일치하는 도식화된 행동이 자연스럽게 일어날 수 있다. 경을 통해 고요할 때와 활동할 때 일관되며 속과 겉을 일치시키는 마음가짐과 몸가짐이 습관화되면, 특별히 마음으로 많은 힘을 쓰지 않아도 자연스럽게 안팎에서 발생하는 사건과 사물에 적절히 대응하는 행동 유형이 계발된다.

넷째, 개인이 행한 행동을 객관적으로 평가하고 되먹임하도록 동기화시킨다. 일일삼성으로 대표되는 성찰 활동은 자신의 의식, 정서 경험 및 행위가 일어난 후에 이를 점검하여 자신의 심적 체계로 되먹임하는 마음의 활동을 뜻한다. 성찰 활동은 자신의 주관적 경험과 행동에 대한 정보를 획득하는 데 목적이 있는데,

이 정보를 얻고 자신에게 되먹임함으로써 4덕/5상이 마음에서 우세하게 나타나도록 동기화하는 데 도움을 줄 수 있다.

4. 퇴계 수양론에 대한 요약

지금까지 상당히 길게 경을 중심으로 퇴계 수양론에 대하여 살펴보았다. 여기서 간단하게 퇴계 수양론의 내용을 요약해 보자.

퇴계는 경을 고요할 때와 활동할 때, 그리고 속과 겉에 걸쳐 통합적으로 인식하기 때문에 고요힐 때 '마음의 본체'를 하늘에서 부여한 원리와 이치(天理)와 일치시켜 강조하면서도 이 천리를 근거로 활동할 때에 '마음의 작용'에 나타나는 사사로운 욕심(人慾)을 조절함으로써 대상 세계에 적절히 대응하는 일을 중시하고 있다. 이는 퇴계의 수양론이 내면의 심성을 닦는 데서 그치지 않고 일상생활과 사회적인 업무 수행에 이르기까지 그 영향이 미치는 범위를 폭넓게 잡고 있음을 알려 준다. 여기서 퇴계는 마음에서 외부 행동으로 흘러나오는 수양법과 외부 행동에서 마음으로 흘러들어가는 수양법 양자를 모두 주요한 방법론으로 보았다. 따라서 그는 활동이 없는 정적 수양법이 아니라 적극적인 활동을 권장하는 동적 수양법을 강조함으로써 불가와 도가에서 주창하는 수양법과 차별화를 시도하고 있다.

　퇴계는 한편으로 수양 방법의 표준, 목표와 더불어 바람직한 실천 방법을 제시하면서 다른 한편으로 수양 방법에 대한 잘못된 인식과 실천 방법에 대해서도 언급하였다. 여러 지인들에게 보내는 편지 속에서 퇴계는 잘못된 수양 방법으로 인해 빠지기 쉬운 병통과 폐단을 자세하고 구체적으로 지적하고 이로부터 벗어날 수 있는 길을 설명하고 있다. 수양의 실효를 거두기 위해서 긍정적 방향과 부정적 방향을 동시에 밝혀놓는 것이 좋다고 판단한 듯하다. 이처럼 퇴계의 수양론은 이론에서 그치는 것이 아니라 이론과 실천을 하나로 통합한 실제적 지침이라는 점에서 중요한 의미를 부여할 수 있다.

　다음 절에서는 퇴계의 수양법에서 추출할 수 있는 두 가지 상담의 길을 논할 것이다.

5

퇴계의 상담법 1:
마음을 성장시키는 방법

마음의 구조와 작용, 마음 수양법에 대한 퇴계의 설명을 더듬으면서 퇴계 유학은 퇴계가 살던 당시의 상담이요 상담학이라는 생각이 필자의 머리를 떠나지 않았다. 상담을 '생활 세계 곳곳에서 인격적인 만남을 통해 사람의 바람직한 성장을 돕는 활동'이라고 정의하고, 상담학을 '상담과 관계된 지식을 체계화한 학문'이라고 할 때 퇴계가 펼친 심성론과 수양론이야말로 상담과 상담학에 잘 어울리는 지식이다. 그리고 이지식은 퇴계가 살던 조선 시대에 유효했을 뿐 아니라 상당 부분 현대를 살아가는 현대인의 삶에도 도움을 줄 수 있는 여지가 많다. 이런 점에서 퇴계가 제시한 상담 지식을 정리하고 현대화된 방식으로 해석·적용하는 일은 한국의 상담학도가 반드시 해야 할 일이라고 여겨진다.

퇴계가 제시한 상담 지식을 여기서는 마음을 성장시키는 방법과 마음의 병을 치유하는 방법으로 나누어 정리할 것이다. 이 글에서 필자가 시도한 퇴계에 대한 상담적 해석은 그야말로 하나의 성긴 시도에 불과하다. 앞으로 보다 정밀한 분석과 해석 틀을 가지고 퇴계가 우리에게 열어 준 상담 세계를 밝혀 나가면 좋겠다.

1. 퇴계 상담의 목적과 기준

퇴계 성리학에서는 어떻게 사는 것이 바람직한 삶인지 분명하게 정의되어 있다. 쉽게 말하면 태어나면서부터 마음에 갖추고 있는 참된 사람의 도리를 다하고 사는 것이 가장 바람직한 삶이다. 여기서 참된 사람의 도리는 소위 4덕/5상이라고 불리는 덕목에 충실한 모습을 말한다. 그런데 이 덕목은 마음이 활동할 때 드러나는 네 가지 단서를 통해 그 성격을 뚜렷이 보여 준다. 여기서 네 가지 단서란 측은히 여기는 마음, 부끄러워하는 마음, 양보하는 마음, 옳고 그름을 가리는 마음이다. 따라서 살면서 이 네 가지가 항상 마음 한가운데 자리 잡고 우세하게 드러날 수 있도록 주의를 기울여야 한다. 이렇게 하다보면 마음은 서서히 성장함으로써 원래 사람에게 부여되어 있는 하늘의 이치를 자연스럽게 실현할 수 있는 경지에 도달하여 막힘없는 자유를 누릴 수 있게 된다.

그렇디먼 퇴계 상담의 목적은 단지 마음을 편히 갖게 돕는 일일 뿐 아니라 마음이 원래 타고난 성품을 제대로 실현할 수 있게, 그리하여 참된 사람의 도리를 다하고 살 수 있게 돕는 활동이어야 한다. 따라서 퇴계 상담은 현재 청담자의 마음이 무엇을 담고 있고, 무엇에 쏠려 있는지 잘 진단해야 한다. 아울러 네 가지 단서에 비추어 청담자의 마음이 어느 수준에 있는지 잘 판단하고 이를 확충시키기 위한 방법을 찾아야 한다.

여기서 한 가지 주목해야 할 사실은 앞에 말한 네 가지 단서가 모두 대인 관계와 관련된 것이라는 사실이다. 상대를 측은히 여기고, 부끄러워하고, 양보하고, 옳고 그름을 따지는 일은 모두 사람과 사람 사이, 즉 대인 관계 과정에서 일어나는 마음 현상이다. 따라서 상담적 개입 역시 대인 관계를 경험하며 체험하는 심리적 과정에 초점이 맞추어져야 한다. 다른 사람과 상대하기 전후 혹은 다른 사람과 상대할 때 이 네 가지 마음이 제대로 가동될 수 있도록 도와야 한다. 때와 상황에 알맞게 이 네 가지 마음 중 필요한 부분이 움직이고, 또 네 가지 마음이 내면에서 서로 조화를 이루도록 이끌어야 한다. 아울러 네 가지 마음이 작용하지 못하게 방해하는 요소를 찾아내어 이를 걸러내는 작업도 병행해야 한다. 이를 위하여 청담자로 하여금 네 가지 단서에 비추어 자신의 마음을 예민하게 살피는 습관을 들이는 일이 매우 중요하다.

2. 퇴계 상담의 성격: 인지 상담

현대적인 용어로 퇴계 상담의 성격을 정의한다면 한마디로 인지 상담이라고 말할 수 있다. 퇴계의 리기론에서는 리가 상당히 중요한 역할을 차지한다. 리와 기는 따로 떼기 어려운 것이지만 리는 항상 기를 이끄는 리더 역할을 해야 한다. 퇴계는 성을 마음속에 갖추어져 있는 리라고 하였고, 사단을 리가 발하여 기가 따르는 것이라고 하여 리를 중시하고 있다. 칠정은 기가 발하여 리가 타는 것이라고 하였지만, 이 기의 작용을 통제하여 다스리는 역할을 역시 리에 부여하고 있다. 따라서 마음에 대한 퇴계의 이론은 리 중심으로 펼쳐지는 이론이라고 말해도 지나치지 않다. 그런데 리는 넓은 의미의 인지 범주에 포함시킬 수 있는 합리성, 이성, 지성 또는 인지 과정이다(한덕웅, 1994). 조금 더 세분해 말하면 리는 인지적인 속성과 인지적 과정을 함께 포함하는 인지 현상이다. 굳이 짝을 맞추자면 마음속에 원래 갖추어져 있는 리(性)는 인지적인 속성이고,

움직이는 활동으로서의 리발(理發)은 인지적인 과정이다. 결국 인지적인 과정인 리발을 조절하여 결과적으로 인지적인 속성인 성이 마음속에 확고하게 자리를 잡도록 하고 필요할 때 잘 드러나도록(사단) 하자는 것이 퇴계의 입장이라고 해석된다. 따라서 퇴계의 입장에 근거하여 전개되는 상담, 즉 퇴계 상담은 인지 상담이라는 표현이 잘 어울린다.

퇴계 상담을 인지 상담이라고 할 때 그 인지의 정체가 무엇인지 분명하게 밝혀두는 일은 매우 중요하다. 상담에서 직접 다루어야 할 내용이 바로 이 인지이기 때문이다. 막연히 퇴계 상담은 인지 상담이라고 해서는 아무 도움이 되지 않는다. 상담에서 다루어야 할 인지의 정체를 비합리적 신념으로 구체화한 엘리스, 자동화된 사고로 구체화한 벡, 개인구념으로 구체화한 켈리에서 보듯, 인지의 정체가 정확하게 규정되어야 비로소 그에 대한 상담 작업이 시작될 수 있다. 그렇다면 퇴계가 말하는 인지, 즉 앞에서 언급한 인지적 속성과 인지적 과정은 구체적으로 무엇을 말하는 것일까?

퇴계의 리에서 인지적 속성은 성으로 표현되는 인의예지 4덕이다. 하지만 이 4덕은 마음에 갖추어져 있을 뿐, 일종의 가능성에 불과하기 때문에 그 존재와 수준 여부를 알기가 어렵다. 다행인 것은 이 4덕이 사단이라는 정으로 표현된다는 사실이다. 따라서 사단으로 표현되는 마음을 기준삼아 4덕의 존재와 수준을 가늠할 수 있다. 따라서 상담에서 기준삼을 인지적 속성은 청담자가 마음에서 직접 접촉할 수 있는 사단의 마음, 즉 측은하게 여기는 마음, 양보하는 마음, 부끄러워 하는 마음, 옳고 그름을 가리는 마음이다. 예를 들어, 상대를 측은하게 여길 상황에 처해서 청담자에게 측은하게 여기는 마음이 일어난다면 정상이지만, 만일 그런 마음이 전혀 생기지 않거나 상황에 적절하지 않은 다른 마음이 일어난다면 문제가 된다. 따라서 상담자는 청담자가 접하는 사단의 마음을 중심으로 청담자를 진단하고 상담의 방향을 잡아 나갈 수 있을 것이다.

인지적 속성인 사단이 마음에서 활성화되려면 여러 가지 조건이 갖추어질 필요가 있다. 이 조건 중 가장 중요한 것이 사덕과 사단을 자주 생각하고 주의를 기울이는 일이다. 퇴계에 의하면, 리가 스스로 드러나기는(理發) 하지만 그 드러나는 힘이 약하기 때문에 이를 의도적으로 활성화시킬 필요가 있다고 한다. 리 자체가 자기를 스스로 드러내는 인지적 과정이기는 하지만 그것으로 충분하지 않기 때문에 이를 강화시키는 수단이 필요하다는 것이다. 의도적으로 사단을 자주 생각하며 그 의미를 되새기는 인지 과정이 그 중요한 수단의 하나다.

마음이 움직이는 순간에 사단 쪽으로 방향을 틀어잡으려는 의지(意志) 또한 중요한 인지 과정이다. 마음에서 여러 가지 생각이나 느낌이 일어나면 생리적·동기적·정서적 반응이 커질 때까지 기다리지 말고 바로 초기에 개입하여 사단을 향하게 하는 방법이다. 이렇게 하면 차분한 인지 과정이 선행하게 됨으로써 매사에 적절한 반응을 할 수 있게 된다.

퇴계가 말한 경의 방법 모두가 사실은 사단을 활성화하는 방법들인데, 그중에서 궁리와 성찰은 특히 인지적 과정을 중시하는 전략들이다. 퇴계는 '주실궁리'

라는 독창적인 궁리 방법을 소개하고 있는데, 이는 사고를 전개하는 인지적 과정에 초점을 둔 전략으로서 가치가 있다. 마음의 활동이 가져오는 결과를 분별하여 반성하고 이렇게 얻은 정보를 자신에게 되먹임함으로써 마음 상태를 개선해 가는 성찰법 역시 인지적 과정에 속한다. 퇴계는 일일삼성이라는 말로 하루에도 여러 번 빈번하게 반성하여 살피는 일을 멈추지 말라고 강조하고 있다.

지금까지 리를 중심으로 퇴계 상담의 인지적 특성을 분석해 보았다. 앞으로 퇴계 상담이 그 성격을 보다 분명하게 드러내려면 리가 구체화된 모습으로서 사단의 내용과 그 인지적 특성을 보다 정교하게 다듬어 제시할 필요가 있다.

3. 퇴계 상담의 성격: 행동 상담

앞에서 설명한 대로 퇴계 상담은 기본적으로 인지

상담이다. 그럼에도 불구하고 퇴계는 몸가짐, 행동가짐을 바르게 함으로써 마음을 다잡는 방법에 대해서도 소홀하지 않다. 앞의 양방향법에서 보듯 퇴계는 몸가짐과 행동의 아주 자세한 부분까지 신경을 쓰고 있다. 현대인의 눈에 지나치게 고루하다고 여겨질 정도로 세세한 부분을 지적하고 있다. 그러나 한 걸음 물러나 퇴계의 충고를 곰곰이 따져 보면 여기에 상당한 의미가 있음을 알 수 있다. 예를 들어, 옷을 바르게 입는 문제를 살펴보자. 흔히 우리는 마음이 중요하지 옷차림은 별것 아니라고 생각한다. 그리하여 옷차림에 그다지 신경 쓰지 않는 경우가 많다. 하지만 옷차림이 마음에 미치는 영향은 생각보다 크다. 문상을 갈 때 검은색 옷을 차려입으면 그렇지 않을 때보다 마음이 엄숙해지고 진중해진다. 활동하기 편한 평상복을 입으면 마음이 가벼워지고 편한데, 정장을 차려입으면 조심스러워지고 신중해진다. 노출이 심한 옷, 단추가 떨어진 옷, 찢어진 옷, 냄새나는 옷을 입으면 남의 시선이 의식되어 마음이 불편하다. 이렇게 보면 상황에 어울리는 옷차림, 깔끔하고 단정한 옷차림을 하는 일이 마음 자세를 가다듬는 데에 도움이 된다는 사실을 부인하기 어렵다. 옷차림뿐 아니다. 구용(九容), 구사(九思)에서 지적한 대로 발걸음을 신중하게 하고, 손놀림을 공손하게 하고, 눈움직임을 단정하게 하고, 입모습을 바르게 하고, 머리를 바르게 세우고, 호흡을 고르게 하며, 얼굴빛을 따뜻하게 하는 일은 모두 마음 자세에 영향을 준다.

퇴계는 마음 수양을 몸가짐, 행동가짐으로부터 시작하라는 충고를 하고 있다. 겉으로 드러나서 볼 수 있고 지키기 쉬운 방법에 의해 속으로 보이지 않고 묶어두기 어려운 마음을 배양하는 방법을 취하라는 것이다. 몸가짐, 행동가짐은 가까이 있으므로 쉽게 관찰이 가능하고 통제하기도 비교적 쉽기 때문이다. 일상생활 속에서 몸가짐, 행동가짐을 조절하여 마음 수련을 하는 방법은 언제 어디서나 실행할 수 있는 장점도 가지고 있다. 퇴계에 의하면, 평소 생활하는 그곳이 바로 마음을 수양하는 곳이며, 아침에 일어나서 저녁 자리에 들 때까지가 모두 마음을 수양할 수 있는 시간이다. 이런 점에서 퇴계 상담은 행동 상담이기도 하다. 상담 자는 청담자로 하여금 몸가짐과 마음가짐의 관계를 인 식시키고 실제 생활에서 몸가짐과 행동을 적절하게 조 절할 수 있도록 도움을 주어야 한다. 몸가짐과 행동은 마음 수양의 결과 드러나는 특성이기도 하지만, 마음 을 수양하는 수단으로서도 가치가 크다는 점을 인정하 고 상담의 과정에 이를 적극 활용할 필요가 있다. 앞으 로 상담학도들이 현대 사회에 적합한 몸가짐, 행동가 짐을 정밀하게 분류하고 이를 통해 마음을 수양할 수 있는 다양한 기법과 전략을 개발하기를 기대한다.

4. 퇴계 상담의 성격: 감정/정서의 위치

앞에서 퇴계 상담은 인지 상담, 그것도 상당히 정밀 한 인지상담이라고 정의하였다. 그만큼 퇴계의 상담에 서 리 또는 인지는 무척 강조된다. 하지만 퇴계가 소위

기에 해당하는 생리적·동기적·정서적 현상을 무시하는 것은 아니다. 퇴계는 칠정이라고 부르는 현상을 기가 먼저 활동하고 리가 여기에 타는 것이라고 보아 기가 먼저 움직일 수 있음을 인정하고 있다. 또한 칠정은 그 자체가 선악으로 나뉘는 것이 아니요, 기가 움직일 때 마음속 의지 또는 기미가 어떻게 작용하느냐에 따라 선악으로 갈라질 수 있다고 하였다. 즉, 마음속에서 생리적·동기적·정서적 반응이 먼저 일어날 수도 있는데, 이런 반응은 그 자체가 나쁜 것은 아니라는 관점으로 요약된다. 그렇다면 사람이 살아가면서 느끼는 다양한 생리적 반응, 신체적 감각, 정서적 느낌, 정신적 감응 능력 등은 억압되고 거부되어야 할 대상이 아니라 마음의 작용 여하에 따라 순화되고 삶에 활력을 주는 힘이 될 수 있음을 인정하여야 한다. 칠정의 하나인 분노는 그 자체로 나쁜 감정이 아니다. 분노가 일어날 때 이를 마음속에서 다스려 의로운 사회적 행동으로 표출할 수 있다면 이는 좋은 감정이 된다. 문제는 분노가 일어날 때 마음속에서 이를 분별하지 못하고 섣부르게 공격행동으로 옮기는 경우에 발생한다. 따라서 퇴계 상담을 기의 작용을 거부하고 정의 움직임을 억압하는 상담이라고 단정해서는 곤란하다. 이는 퇴계 상담을 활력이 없는 무미건조한 상담으로 추락시킬 위험이 있다. 퇴계가 합리성과 이성의 통제를 받지 않은 신체 반응이나 감정적 행동을 경계한 점은 분명하지만, 이들의 필요성과 영향력을 부인했다고 보기는 어렵다. 정확하게 말하면, 감정이 일어남을 인정하되 이성의 안내와 통제를 받아 적절하게 표현될 수 있는 방안을 찾자는 것이 퇴계의 생각이다. 따라서 퇴계 상담은 마음의 인지 요소를 중시한 인지 상담이지만, 마음의 정서적 요소를 억압하거나 무시하는 상담이 아니라는 점을 분명히 밝혀둘 필요가 있다.

5. 퇴계 상담의 주요 방법: 마음 비우기와 마음 채우기

동양의 수련법은 한결같이 차분하게 앉아 마음을 비우는 전략을 중시한다. 퇴계 역시 마음을 고요히 가라앉히는 수련법으로서 정좌법(靜坐法)에 주목하고 있다. 그러나 정좌법을 통해 도달하는 마음 수련의 내용에 대해 퇴계는 불교, 도교와 입장을 달리한다. 이는 허(虛, 비어 있음)와 유무(有·無)의 입장 차이에 기인한다. 차분하게 앉아 마음을 고요히 가라앉히다보면 마음이 텅 빈 상태에 도달하게 된다. 그런데 이렇게 비어 있는 상태에 대하여 불교·도교에서는 '비었으면 없는 것'이라고 보는 데 비해, 유교는 '비었으나 있는 것'으로 보고 있고, '고요하면 소멸되었다'고 보는 것이 불교·도교적 입장인데, '고요하지만 감응한다'고 보는 것이 유교의 입장이다. 요컨대 불교·도교에서는 마음을 허망한 것, 비워야 할 것, 초월해야 할 것으로 보는데 비해, 유교에서는 마음이 만물의 이치를 그 안에 갖추고 있으므로 그 원래의 성품을 드러나게 해야 할 것으로 파악하고 있다. 따라서 유교에서 고요하게 마음을 가라앉히는 목적은 마음속에 내재해 있는 진리를 제대로 드러내기 위함이다. 마음의 허함은 신령함과 연결되어 있기 때문이다.

마음에 갖추어져 있는 이치를 깨달아 알려면 조용히 마음에 주의를 기울이고 마음에서 올라오는 소리를 잘 들어야 한다. 그리하여 외부 자극에 대응하기 전 마음속에서 미세하게 일어나는 반응을 먼저 확인해야 한다. 물론 이렇게 하기 위해서는 많은 훈련이 필요하다. 처음에는 조용한 환경 속에서 마음을 들여다보고 마음의 소리를 듣는 훈련을 시작하여 점차 일상생활 속에서 이를 실행할 수 있도록 연습해야 한다.

고요하게 마음에 접하는 퇴계의 방법은 초점 맞추기라는 체험주의 상담과 유사하다(박성희, 2002). 초점 맞추기가 느껴진 감각이라는 신체 반응을 중심으로 전개된다는 점에서 차이가 있지만, 자신의 내면에 주의를 기울이면서 거기서 올라오는 여러 가지 생각과 느낌을 주시하는 과정은 두 가지 접근이 모두 같다. 초점 맞추기의 중요한 과정 중 하나인 '그러잡기'는 퇴계의 마음 접하기에도 유용하게 활용될 수 있다고 판단된다. 그러잡기는 느껴진 감각의 특성을 적절하고 확실하게 드러내 줄 단어, 어구, 심상 등을 찾는 작업인데, 마음 접하기에서도 마음에서 올라오는 반응을 구체적인 낱말, 어구, 심상 등으로 표현하는 일이 중요하다고 여겨진다. 특히 사단의 마음이 일어날 때 이를 적절한 언어로 표현할 수 있다면 마음속에서 사단을 확충하는 일이 한결 수월해질 것이다. 이것이 가능하려면 사단의 마음을 좀 더 자세하게 분석하여 나누고 다양한 용어로 정리하는 작업이 선행되어야 할 것이다.

6. 퇴계 상담의 주요 방법: 마음 쓰기

퇴계가 제시한 경의 방법에서 '주일무적'은 일이 생겼을 때 마음을 사용하는 바람직한 방법으로서 상담자가 주목할 만하다. 퇴계는 주자의 말을 부분적으로 인용하면서 하나를 주장하는 '주일(主一)'과 사물의 변화에 대응하는 '주사(主事)'를 일이 없을 때의 방법과 일이 있을 때의 방법으로 대비시키고 있다. "주일은 다만 하나를 오로지 함이요(專一), 일이 없으면 담담하고 편안하여 활동으로 치닫지 않고, 일이 있으면 일에 따라 대응하되, 다른 일에 연연하지 않는 것이니, 이것이 일을 주로 함(주사)이 곧 하나를 주로 함(주일)이 되는 까닭이다. 만약 다른 일에 얽매어 미련을 두는 바가 있으면 이것은 사사로운 생각이다. 일은 이미 지나갔는데도 마음은 잊어버리지 못하고, 몸은 여기에 있으나 마음은 저기에 있는 것이다. 이렇게 지리멸렬하고 이랬다저랬다함은 주일무적과 다를 뿐 아니라 그 반대가 되는 것이다… 일은 좋거나 나쁘거나 크거나 작거나 할 것 없이 모두 마음속에 두어서는(有) 안 된다. 이 둔다는 글자는 한 곳에 집착하여 얽매어 누가 되는 것을 말하는 것으로서, 마음으로 미리 효과를 기대하거나 조장하며 쓸데없이 따지는 등 여러 폐단이 모두가 여기서 생기는 것이다(최중석, p. 137)."

이 글은 마음을 어떻게 관리해야 하는지 잘 보여 준다. 일이 생기면 온 힘을 다해 그것에 집중해야 하지만, 일단 일이 마무리되면 아무 미련을 두지 말고 그에 대한 생각과 느낌을 털어 내야 한다는 말이다. 설사 그 일이 좋은 것일지라도 마음에 오래 남겨두면 결코 좋지 않다. 마음은 가능하면 고요하게 빈 상태로 유지하는 것이 가장 좋다. 흔히 심리적인 문제로 고통을 당하는 사람들은 이미 지나간 과거의 일 또는 앞으로 닥칠 미래의 일에 마음을 빼앗겨 힘들어한다. 어떤 일에 마음이 집착함으로써 심리적인 압박을 당하고 지금-여기에 집중힐 여유와 힘을 빼앗긴다. 성숙한 마음은 집착하지 않는다. 마음을 깨끗하게 비워두었다가 사건이나 일이 생기면 그에 전념하는 자세가 건강하고 성숙한 사람이 취하는 마음자세다. 다소 정도의 차이는 있지만 대부분의 사람들은 마음을 이렇게 건강하고 성숙한 방향으로 활용하지 못한다. 이 부분에 퇴계 상담이 기여할 바가 크다고 여겨진다.

7. 퇴계 상담의 완성: 인품이 실현된 모습

퇴계식 상담이 성공하였을 때 청담자의 일상생활은 어떠할까? 시대와 상황의 차이가 있음은 분명하지만, 퇴계식 상담의 성공 여부를 가르는 기준은 퇴계 자신의 삶에서 찾는 편이 가장 바람직하다. 퇴계는 단순히 성리학 이론을 탐구한 학자일 뿐 아니라 자신이 탐구한 이론과 학문을 실생활에 철저히 적용한 대표적인 학자로 손꼽히고 있다. 따라서 퇴계의 일상적인 삶은 퇴계 상담을 평가하는 기준으로서 손색이 없다. 짧게나마 퇴계의 삶과 일상을 더듬어 봄으로써 퇴계 상담이 지향해야 할 목표를 가늠해 보자.

"퇴계의 일상생활은 몸가짐을 단정하게 하고 말과 행동을 진지하고 신중하게 하여 우아하고 경건한 모습을 잃지 않았다. 어려서부터 날이 새기 전에 일어나 이부자리를 정돈하고, 세수하고, 머리 빗고, 의관을 바로함으로써 『소학』에서 배운 대로 실천하였다. 조금 자라서 서당에 나가 글을 배우다가, 쉴 때에도 얼굴빛을 가다듬고 단정히 앉아서 옷과 띠를 바르게 하였다. 서재에서도 단정히 앉아 어디에 기대는 일이 없었으며, 온종일 책을 읽다가 간혹 고요히 생각에 잠기거나 시를 읊조릴 뿐이었다. 한평생 그의 모습과 태도는 한결같이 단아하고 차분하여 수양에 의해 절제된 몸가짐과 마음가짐을 보여 주었다. 글씨도 반드시 정자로 쓰며, 어지러운 글씨를 싫어하는 단정함을 지켰다. 동료 선비들과 모임에서도 다른 선비들이 흩어져 눕거나 다리를 뻗어 쉬기도 하며 풀어져 있었지만, 그는 단정한 모습과 자세를 흩트리지 않았다. 우아한 선비의 기품이 일찍부터 몸에 배어 있었던 것이다. 그는 가장 작은 일에서부터 강직하여 자신을 굽히고 거짓과 타협하는 일이 없었다. 죽음을 앞둔 며칠 동안은 그 자신이 죽음을 내다보고 신병을 정리하며 준비하는 과정이었다. 장례를 간소하게 치르고 비석을 간략하게 기록하도록 요구한 것은 허황되게 칭송하는 세속적 풍속을 꺼린 겸허한 자세를 엿볼 수 있게 한다. 마지막까지 단아하고 공경하는 모습을 잃지 않은 것은 바로 그의 평생을 통해 닦아 왔던 인격의 표출이라 할 수 있다(금장태, 1998, pp. 24-25)."

"닭이 울어 잠이 깨면 이런저런 생각이 점차 일어난다. 어찌 그동안 조용히 마음을 정돈하지 않겠는가. 혹은 과거의 허물을 반성하기도 하고, 혹은 새로 깨달은 바를 생각하여 차례로 조리를 세워서 분명하게 이해하라. 근본이 세워지면 새벽에 일어나서 세수하고 빗질하고 의관을 갖추고 단정히 앉아 안색을 가다듬은 다음, 마음 이끌기를 돋는 해처럼 밝게 하라. 엄숙 정제하고 마음을 허명정일하게 하라. 이에 책을 펼쳐서 성현을 대하면 공자가 앉아 계시고 안자와 증자가 뒤에 계신 듯하다. 성현이 말씀한 바를 친절히 경청하고, 제자들이 묻고 답한 바를 반복하여 참고하고 바로잡으라. 일이 생겨서 대응하게 되면, 실천으로 시험하라. 밝은 하늘의 명령은 밝게 빛나는 것이니 항상 눈을 이에 두어라. 일에 대응하고 나면 이전처럼 되어야 한다. 마음을 고요히 하고 정신을 모으고 잡념을 버려라. 움직임과 고요함이 순환하더라도 마음만은 이를 보아야 한다. 고요할 때는 보존하고 활동할 때는 살피지만, 마음이 두 갈래 세 갈래가 되어서는 안 된다. 독서하는 여가에는 틈틈이 쉬면서 정신을 가다듬어 성정을 길러야 한다. 날이 저물고 사람이 권태로워지면 혼미한 기운이 쌓이기 쉬우니 장중하게 가지런히 가다듬어 정신을 맑게 펼쳐야 한다. 밤 늦어 잠자리에 들려 할 때에는 손을 가지런히 하고 발은 모은다. 생각을 하지 말고 심신이 잠들게 하라(퇴계전서, 상, 성학십도, 제십숙흥야 매잠도, pp. 210-211).

6

퇴계의 상담법 2:
마음의 병을 치유하는 방법

앞에서는 정상적인 상태에서 마음을 성장시키는 방법을 살펴보았다. 지금부터는 마음에 병이 왜 드는지, 그리고 병이 들었을 때 어떻게 대응하고 어떻게 치료하면 좋을지 퇴계가 진단하고 처방한 내용을 살펴보자. 퇴계는 여러 사람에게 보내는 편지에서 마음에 병이 든 상태를 치료하는 방법을 말하고 있다.

1. 마음 병의 원인

퇴계는 마음의 병은 고요함이나 활동함 어느 한쪽에 빠지는 병이라고 지적한다. '항상 깨어 있으면서 생각을 제거하고자 하는 병'은 고요함에 빠져 활동을 멀리하려는 병이요, '생각을 한 번도 그치고자 하지 않는 병'은 활동함에 치우쳐 고요함을 멀리 하는 병이다. 이렇게 고요함과 활동함을 분리시키고 어느 한쪽으로 치우치면 마음에 근심이 생기고 여러 가지 문제가 발생한다. 마음이 활동에 치우치는 병은 마음이 분산하는 병과 조급함에 빠지는 병으로 나눌 수 있다. 분산하는 병은 마음이 번잡하고 소란하여 편안하지 않은 상태를 말하며, 조급함에 빠지는 병은 "이치를 살핌에 철저하지 못하여 부질없이 캐며 억지로 찾고, 마음을 잘 함양하는 방법에 어두워 싹을 뽑아 올려 자라기를 돕듯이 함으로 인하여 깨닫지 못하는 사이에 마음을 수고롭게 하고 정력을 소모하는(최중석, 2003, p. 45)" 상태를 말한다.

퇴계는 또한 마음속에 생각이 얽혀서 풀리지 않는 상태 역시 병이라고 본다. 풀리지 않는 무엇인가를 마음에 오래 두고 머물게 하면 이것 역시 한 덩어리 부담스런 짐이 된다고 본다. 자신을 허물하며 반성하는 활동이 좋은 의도에서 나온 것임은 분명하지만, 이런 자의식 상태를 오래 유지하는 것도 결코 바람직하지 못하다는 입장이다.

결국 마음의 병을 유발하는 원인은 마음을 비워야 할 때 비우지 못하고 활동해야 할 때 활동하지 못하도록 하는 데에 있다. 왜냐하면 '마음은 그 본체가 맑은 거울 멈춘 물(明鏡止水)과 같이 맑으니, 비록 매일같이 온갖 일을 응접하더라노 마음속에는 한 물건두 남아 있지 않아야' 정상이기 때문이다(금장태, 1998).

2. 마음 병의 치료

마음 병에 대한 진단이 나왔으므로 이에 대한 처방

역시 분명하다. 한마디로 마음을 비워 두되, 일이 생기면 그에 따라 적절하게 대응하고 일이 끝나면 다시 마음을 비워 고요한 상태로 되돌아가는 것이다. '마음이 사물을 대함에 오기 전에는 맞이하지 않고, 막 오면 비추어 대응하고, 대응하고 나서는 남겨 두지 않으면' 된다(금장태, 1998). 그렇다면 이런 수준에 도달하게 위하여 구체적으로 어떤 방법을 써야 할까?

"가장 먼저 세상 일에 대한 깊은 궁리, 얻고 잃음, 명예와 욕됨, 이익과 손해 등을 무시하여 그것이 마음에 피해를 주거나 괴로움이 되지 않도록 해야 합니다. 이러한 마음을 갖추었다면 근심하는 바의 절반 혹은 그 이상이 이미 그친 것입니다. 이렇게 하되, 무릇 일상생활에서 술을 적게 하고 좋아하고 즐기려는 욕심을 조절하여 마음을 비우고 한가롭고 즐겁게 지낼 것이며, 그림이나 글씨 또는 화초를 취미로 구경하거나, 냇가의 물고기와 산의 새를 보는 즐거움에 이르기까지 진실로 생각을 즐겁게 하고 뜻에 맞는 것을 항상 접하기를 싫어하지 않아서 마음 기운이 늘 평화롭고 순한 상태에 있게 할 것이며, 어긋나게 하거나 어지럽힘으로써 원망하거나 성내지 않도록 해야 합니다. 책을 보아도 마음을 수고롭게 하지 말 것이며, 많이 보는 것은 절대 삼가야 하며, 다만 마음에 내키는 대로 그 맛을 즐겨야 합니다. 이치를 따지는 일은 모름지기 일상의 평이하고 명백한 곳에 나아가 잘 알아차려 익히도록 해야 하며, 이미 안 바에 넉넉히 잠기어 마음껏 노닐되, 오직 '뜻을 둔 것도 아니며, 뜻을 두지 않은 것도 아닌 상태'에서 맡아 보관함으로써 잊지 말아야 합니다. 이러한 노력을 오랫동안 쌓으면 저절로 이해되어 얻게 될 것입니다. 더욱이 집착하거나 구속하여 빠른 효과를 보려 해서는 안 됩니다(최중석, 2003, p. 46)."

조금 길게 인용한 퇴계의 마음 치료 방법은 크게 세 가지로 나눌 수 있다.

첫째, 한가로운 가운데 마음의 중심을 확보하는 일이다. 세속적 관심과 욕심을 절제하고 일상생활을 간소하게 함으로써 마음의 평정을 잃지 않게 하는 방법이다.

둘째, 문화 활동에 참여하고 자연을 접함으로써 즐거운 생각을 갖고 건강한 정서를 기르는 방법이다.

셋째, 독서를 하고 이치를 따지는 활동을 할 때 부담이 될 정도로 심하게 하지 말되, 쉼 없이 꾸준히 하는 일이다. 공부의 양에 치우치지 않고 마음속 깨달음을 즐기는 데 초점을 두는 방법이다.

굳이 분석을 해 보자면, 퇴계의 마음 치료 방법에는 욕심을 조절하는 법, 행동을 조절하는 법, 생각을 조절하는 법, 정서를 조절하는 법, 자연을 활용하는 법, 예술과 문화 활동을 활용하는 법, 서적을 활용하는 법, 여행을 활용하는 법(남언경에게 보내는 또다른 편지에서 명승지를 두루 찾아다니는 일을 지적하고 있다.) 등이 들어 있다. 다소 의미에 차이가 있지만 현대의 심리치료 용어로 표현하자면 인지치료, 행동치료, 정서치료, 환경치료, 예술치료, 서적치료, 여가치료, 여행치료, 작업치료 등이 골고루 포함되어 있다. 지금으로부터 600여 년 전에 병든 마음을 치료하는 방법을 이렇게 소상하게 제시한 퇴계의 혜안이 매우 놀랍다.

7

맺음말

퇴계는 자신이 주자의 편지로부터 깊은 영향을 받았다고 강조하면서 편지의 중요성을 밝힌 부분이 있다. "편지는 사람의 자질이 높고 낮음과 학문의 깊고 옅음에 따라 병에 맞추어 약을 주고 물건에 상응하여 저울추를 올려놓는 방법을 쓴다. 혹은 누르고 혹은 부추기며 혹은 인도하고 혹은 격려하여 나아가게 하고 혹은 물리쳐 경고해 주기도 한다(금장태, 1998)."

이 글은 퇴계가 구체적인 인격의 만남 속에서 개개인의 상황에 따라 적절하게 대응하여 도움을 주는 수단으로 편지를 활용하고 있음을 잘 나타내고 있다. 그런데 편지를 통해 퇴계가 하는 일은 다름 아닌 상담이다. '생활 세계 곳곳에서 인격적인 만남을 통해 사람들의 바람직한 변화를 돕는 과정'을 상담이라고 정의한다면(박성희, 2001), 퇴계는 이미 600여 년 전에 열심히 상담 활동을 이끈 셈이 된다.

'상담'이라는 용어가 수입되었다고 해서 이 용어로 지칭할 수 있는 일련의 활동이 우리나라에 없었다고 고집할 수는 없다. 퇴계에서 보듯 우리 선조들 역시 나름대로 상담 활동에 참여하고 있었다. 그렇다면 이제 상담을 보는 시각을 넓혀서 우리 역사와 사회 속에 묻혀 있는 상담 현상을 발굴하고 이를 오늘에 되살리는 작업을 해야 한다.

한국에는 상담이 없다고 단정하여 외국 상담을 수입·보급하는 데 열을 올리던 자세를 이제는 바꿀 때가 되었다. 한국에는 한국식 상담이 있다. 다만 상담에 대한 개념을 너무 좁게 잡는 바람에 한국에서 활용되었거나 활용되고 있는 상담을 찾아내지 못했을 따름이다. 이제 상담학도들이 눈을 열어서 우리 역사와 사회와 모듬살이를 파헤치며 한국식 상담을 찾아내는 작업에 몰두할 때가 되었다. 퇴계 상담에 대한 연구는 이런 차원에서도 중요한 의미가 있다.

앞에서 마음에 대한 퇴계의 철학과 퇴계 상담을 정리해 보았다. 그 결과 퇴계 상담이라는 말이 부족하지 않을 정도로 그 속에 상담 지식이 풍부하게 담겨 있다는 사실, 그리고 퇴계가 위대한 상담가라는 사실을 확인할 수 있었다. 실은 퇴계 유학이 이렇게 상담적이라는 사실은 필자를 매우 놀라게 하였다. 사람의 마음이 어떻게 구성되고 어떻게 작동하는지, 이를 잘 성장시키려면 어떻게 해야 하는지, 마음의 병은 왜 생기고 이에 어떻게 대치해야 하는지 꼼꼼히 정리한 퇴계 유학은 정말 상담 지식으로 손색이 없다.

특히 인지 상담으로 분류할 수 있는 퇴계의 주리적(主理的) 시각은 앞으로 상담학계에서 깊이 연구해 볼 가치가 있다. 이제 남겨진 과제는 퇴계 상담을 현대화된 상담 이론과 기법으로 정교하게 다듬어 발전시키는 일이다. 이 과정에 퇴계 상담을 실제 상담 사례에 적용하여 상담 효과를 검증하는 일은 반드시 포함되어야 한다. 앞으로 젊은 한국의 상담학도들에게 거는 기대가 매우 크다.

| 참고문헌 |

경서(1965). 논어, 예기. 서울: 성균관대학교 대동문화연구소.

금장태(1998). 퇴계의 삶과 철학. 서울: 서울대학교 출판부.

금장태(2002). 한국 유학의 심설: 심성론과 영혼론의 쟁점. 서울: 서울대학교 출판부.

박성희(2001). 상담과 상담학: 새로운 패러다임. 서울: 학지사.

박성희(2002). 상담과 상담학: 상담의 도구. 서울: 학지사.

이상은(1999). 퇴계의 생애와 학문. 서울: 예문서원.

이황(1958). 퇴계전서(상, 하). 서울: 성균관대학교 대동문화연구소.

최중석 역(2003). 이퇴계의 자성록. 서울: 국학자료원.

한덕웅(1994). 퇴계심리학: 성격 및 사회심리학적 접근. 서울: 성균관대학교 출판부.

저자 소개

박성희

1957년 서울 출생
서울대학교 사범대학 교육학과 졸업
서울대학교 대학원 교육학과 교육상담학 박사
한국행동과학연구소 상담실 책임연구원
미국 위스콘신대학교 상담학과 객원교수
캐나다 브리티시 컬럼비아대학교 상담학과(ECPS) 객원교수
한국상담학회 수련감독사
현재, 청주교육대학교 초등교육학과 교수

[저서와 역서]
담임이 이끌어 가는 학급상담(학지사, 2006)
한국형 초등학교 생활지도와 상담(공저, 학지사, 2006)
꾸중을 꾸중답게, 칭찬을 칭찬답게(학지사, 2005)
초등학교 현장 상담대화기법 동영상 CD 프로그램(학지사, 2005)
공감학: 어제와 오늘(학지사, 2004)
상담학 연구방법론: 사회과학 연구방법의 새로운 지평(학지사, 2004)
상담의 도구(대한민국학술원선정 우수도서, 이동렬과 공저, 학지사, 2002)
동화로 열어가는 상담이야기(학지사, 2001)
상담의 새로운 패러다임(대한민국학술원선정 우수도서, 학지사, 2001)
상담의 실제(대한민국학술원선정 우수도서, 이동렬과 공저, 학지사, 2001)
새내기 상담가를 위한 상담과 심리치료(이동렬과 공저, 교육과학사, 2000)
공감과 친사회행동(문음사, 1997)
사람들의 행동을 변화시키는 특이한 방법들(역, 양서원, 1995)

[수 상]
대한민국학술원선정 우수도서(2003)
제12회 한국교육학회 학술상 수상(2006)
제14회 삼천리자전거배 전국산악자전거대회 초급 마스타부 우승
제2회 봉화춘양목송이배 전국산악자전거대회 초급 마스타부 우승

동양상담학 시리즈 5

퇴계 유학과 상담

1판 1쇄 인쇄 | 2007년 1월 5일
1판 1쇄 발행 | 2007년 1월 10일

지은이 | 박성희
펴낸이 | 김진환
펴낸곳 | 도서출판 **학지사**

주소 | 121-837 서울시 마포구 서교동 352-29 마인드월드빌딩 5층
대표전화 | 02)326-1500   팩스 | 02)324-2345
홈페이지 | http://www.hakjisa.co.kr
등록 | 1992년 2월 19일 제2-1329호
정가 | 7,000원
ISBN | 978-89-5891-405-1 94180
        978-89-5891-400-6 (set)

동양상담학 시리즈

■ 마음과 상담 ①

상담은 사람의 마음을 전문적으로 다루는 활동이다. 따라서 상담자는 마음이 어떻게 생겼는지, 어떻게 작동하는지, 어떻게 변화되는지 등 마음에 대해 남다른 지식을 가지고 있어야 한다. 이 책은 마음에 대한 동서양의 관점을 살피고 이를 상담에 활용하는 전략에 대해 다룬다.

■ 불교와 상담 ②

불교에서 상담적 요소를 찾아내어 이를 현대 상담 이론과 상담 전략으로 정립하려는 노력은 꾸준히 전개되어 왔다. 이제 지금까지의 연구 결과를 종합하여 매듭을 하나 짓고 동시에 불교 상담의 미래를 전망할 시점이 되었다. 불교 상담의 어제, 오늘 그리고 내일을 조망해 본다.

■ 선문답과 상담 ③

선문답과 상담이 무슨 관련이 있을까? 이해하기도 어렵고 이해하려는 노력만으로는 절대로 풀 수 없는 선문답을 상담에 가져오는 일이 가능할까? 하지만 700여 년 이상 전개된 선문답의 역사를 들여다보면 답은 명쾌해진다. 단박에 존재의 본질을 꿰뚫고 들어가는 선문답은 실존적 상담을 이끌어 가는 중요한 실마리로서 손색이 없다.

■ 논어와 상담 ④

2,500여 년 전 공자가 제자들을 데리고 다니며 상담 활동을 전개했다는 사실을 아는가? 요즘으로 말로 공자는 인생 상담에 도가 트인 분이다. 논어에 담겨 있는 공자의 지혜를 현대 상담으로 풀어낸다.

■ 퇴계 유학과 상담 ⑤

퇴계가 정립한 조선 성리학은 사람의 마음을 살핀 심성론이다. 경을 중심으로 전개되는 심성론에는 오늘날 상담학에서 다루는 많은 지식이 아주 섬세하게 논의되고 있다. 상담자로서 퇴계의 면모를 살펴보고 그의 아이디어를 현대 상담으로 끌어와 살핀다.

▣ 도덕경과 상담 ⑥

도덕경은 그야말로 상담책이라고 해도 과언이 아니다. 도덕경의 한 구절 한 구절이 모두 세상을 행복하게 살아가는 법에 대해 말하고 있기 때문이다. 삶을 소유가 아니라 누림으로 풀어내는 노자의 혜안을 통해 행복하게 살고픈 이들을 돕는 동양의 비법을 접할 수 있다.

▣ 모리타 상담 ⑦

신경증 치료를 위하여 모리타가 개발한 일본식 상담이다. 서양식 상담을 일방적으로 수입하지 않고 일본 내에서 자생적으로 성장한 상담이라는 점이 주목할 만하다. '아무것도 하지 않으면 자연적인 치유의 힘이 발동한다.'는 원리로부터 체계적인 상담법을 발전시킨 모리타의 창의성이 돋보인다.

▣ 나이칸 상담 ⑧

나이칸 상담은 모리타 상담과 어깨를 나란히 하여 세계로 수출되고 있는 일본식 상담이다. 감사하는 마음을 북돋아 일으킴으로써 청담자를 평화와 행복의 세계로 인도하는 방법을 제시하고 있다. 감사하는 마음을 일으키기 위하여 마련한 치밀한 세부 절차와 과정에서 일본 냄새가 강하게 풍기는 상담임을 느끼게 한다.

▣ 동사섭 상담 ⑨

세계 상담계에 내놓아도 좋을 만한 대표적인 한국식 상담이다. 불교적인 아이디어와 서양식 상담을 절묘하게 버무려 새로운 형태의 상담을 탄생시킨 용타 스님의 혜안이 놀랍다. 짧은 시간에 많은 사람들의 메마른 감정을 휘저어 감동을 주는 동사섭의 세계를 맛볼 수 있다.

박성희 저 / 46판 / 전9권 / 각권 7,000원 (세트 63,000원)

꾸중을 꾸중답게
칭찬을 칭찬답게

박성희 지음 | 신국판 | 204면 | 9,000원

교사와 학부모를 꾸중과 칭찬의 전문가로 거듭나게 하는 책

꾸중과 칭찬은 교사와 학부모가 가장 많이 활용하는 교육수단으로 교육효과를 결정하는 매개과정이기도 하다. 꾸중과 칭찬을 잘하면 교육을 성공적으로 이끌 수 있는 반면, 잘못하면 교육을 망치게 된다. 꾸중과 칭찬을 다룬 여러 문헌에 실린 내용을 알기 쉽게 정리하고 상담원리가 반영된 꾸중과 칭찬 방법을 자세하게 소개한다.

동화로 열어가는 상담이야기
-수용과 공감의 지혜-

박성희 지음 | 신국판 | 232면 | 8,000원

베갯머리에서 듣던 옛날 이야기처럼 쉽게 풀어 가는 상담이야기

재미와 이론을 함께 담은 책. 인간 변화의 원리와 전략을 쉽게 풀어놓고, 친밀한 예화를 통해 일상에서 흔히 접하는 이야기와 사건을 상담지식과 연결해 놓았다. 상담의 기본 토대인 바람직한 관계 구축을 위한 세 가지 방법, 상담자가 앞장서서 청담자를 리드하는 방법, 상담에서 활용하는 대화 방법 등에 대한 지식을 소개한다.

붓다의 심리학

붓다의 가르침과
서양 심리학의 조화로운 만남

Mark Epstein M. D. 저 | 전현수 · 김성철 공역 |
신국판 | 304면 | 15,000원

이 책은 불교가 정신치료나 상담의 한계를 보완해 줄 가능성을 살피고, 모든 정신은 명상적 자각을 할 수 있다는 것을 보여 준다. 불교와 정신치료의 두 분야를 오랫동안 병행해 온 저자 마크 엡스타인은 이 책에서 육도윤회를 심리학적인 관점에서 해석한다. 또한 심도 있는 명상을 정신역동적으로 해석하면서, 명상이 활용될 때 보다 효과적인 정신치료를 할 수 있다고 주장한다.

마음챙김 명상과 자기치유 (上, 下)

삶의 스트레스에서 자유로워지는 길

존 카밧진 저 | 장현갑 외 공역 |
신국판 | 384/352면 | 각권 10,000원

명상과 의학의 결합 그리고 명상과 과학을 흥미롭게 우리의 건강 및 삶의 질과 연관 짓는 책. 웰빙과 완전한 자기 구현을 위해 수많은 사람들이 선택한 마음챙김 명상법을 소개하고 있다. 마음챙김 명상을 통해 우리의 건강을 위협하는 삶의 스트레스에서 자유로워지는 길을 찾을 수 있으며, 인간사 전반과 통증 및 질병에도 대처할 수 있는 지혜를 얻을 수 있다. 의사, 명상수련을 전문으로 하는 종교인, 일반인들로부터 주목을 받아 왔으며, 신경정신과 전문의 등을 중심으로 실제 임상치료에 적용되고 있다.

마음이 지닌 치유의 힘

고통 속에서 의미를 찾아 극복하게 하는 안내서

Joan Borysenko 외 공저 | 장현갑 외 공역 |
272면 | 9,900원

이 책에서 고통은 단순한 고통으로 끝나는 것이 아니라 그 고통 속에서 의미를 찾아 극복해 나갈 때 엄청난 치유의 가치가 있음을 강조하고, 고통이 성장의 촉진제인 동시에 치료제가 될 수 있음을 알려 주고 있다. 마음이 지닌 엄청난 치유의 힘을 최대한 발휘할 수 있도록 명상, 기도, 최면, 심상 등 온갖 종류의 심리적 방법을 과학적인 증거를 들어가면서 쉬우면서도 친절하게 소개한다. 미국에서 장기간 베스트셀러에 오르기도 했다.

요가 첫걸음

과학적이고 체계적으로
요가 수련을 소개하는 실습지침서

샌드라 앤더슨 · 롤프 소빅 공저 | 조옥경 · 김채희 공역 |
국배변형판 | 252면 | 20,000원

몸과 마음이 어떻게 작용하고 있는지에 관한 원리를 충실하게 밝히면서 과학적이고 체계적으로 요가 수련을 소개하는 훌륭한 실습지침서. 내용은 물론이고 아름답고 우아한 동작을 묘사한 화보로 가득한 구성과 세련된 디자인에 절로 눈길이 간다. 요가의 어렵고 심오한 부분을 쉽고도 평이하게 소개하는 것과 더불어 요가로 몸과 마음을 단련하면서 마음과 영혼을 살찌우길 원하는 사람들을 위한 안내서로도 손색이 없다. 기본적인 내용에 충실할 뿐만 아니라, 개인적 필요에 맞는 맞춤식 요가 자세를 구성할 수 있는 방법도 제시한다.